15166.

Tiré à deux cent dix exemplaires sur papier de Hollande

& à dix exemplaires sur papier de couleur.

N°

LES

TAPISSERIES DE HAUTE-LISSE.

Lille. Imprimerie L. Danel.

LES

TAPISSERIES DE HAUTE-LISSE

HISTOIRE
DE LA FABRICATION LILLOISE

Du XIVe au XVIIIe siècle

ET

DOCUMENTS INÉDITS CONCERNANT L'HISTOIRE
DES TAPISSERIES DE FLANDRE

PAR

JULES HOUDOY.

LILLE
Chez les principaux Libraires.

PARIS
Chez A. Aubry, 18, *rue Seguier.*

M D CCC LXXI

ORSQUE, *il y a quelques années, au point de vue spécial de l'histoire de la céramique lilloise, j'entrepris des recherches dans les riches dépôts d'archives que renferme la ville de Lille, j'étais loin de prévoir à quel entraînement je m'exposais. Il faut, en effet, l'expérience des travaux de cette nature, pour comprendre par quels attraits ils retiennent les imprudents que n'ont point rebutés les premières difficultés.*

Dans les archives, les inventaires les mieux faits, quand il existe des inventaires! ne sont que des guides insuffisants; comme les poteaux indicateurs placés aux carrefours d'une forêt, ils marquent les grandes voies & empêchent le voyageur

de s'égarer ; mais il faut la connaißance des lieux & l'en-
thoufiasme du tourifte pour se lancer à travers les taillis, par
des sentiers à peine frayés.

Außi dans les études archéologiques une part doit toujours
être faite au hasard, &, j'oserai dire, à l'instinct du cher-
cheur. Parfois, fi l'on ne trouve pas précisément ce que l'on
poursuit, on a la bonne fortune de mettre la main sur des
documents plus intéreßants que ceux que l'on espérait. De là
un plaifir & un danger : un plaisir, car l'imprévu tient continuellement l'esprit en éveil ; un danger, car la curiofité,
sollicitée de plufieurs côtés à la fois, délaiße souvent une
veine inépuisée, pour s'élancer vers des recherches nouvelles
qui éloignent du but que l'on voulait atteindre.

L'eßentiel eft donc, une fois la première éducation faite,
de se tracer un plan nettement défini, & de le suivre avec
persévérance, avec opiniâtreté.

Voici celui que je me suis imposé : Comme point de départ,
examiner & lire les livres de Comptes, en extraire textuellement ce qui me paraîtrait de nature à présenter quelqu'intérêt ; puis compléter les indications puisées à cette source,
à l'aide des nombreux documents, résolutions, requêtes,
pièces judiciaires, livres de métiers, règlements, ordonnances, en un mot, de tout ce qui forme le fonds ordinaire
des archives. Par cette méthode, j'avais l'avantage de partir
sur chaque queftion d'un fait authentique ; un projet peut
n'avoir point été exécuté, une résolution n'avoir point eu son
effet ; mais dans les comptes, comme le dit M. de Laborde

dans l'introduction de son ouvrage « les Ducs de Bourgogne »,
ce qui eſt payé eſt un fait accompli acquis à l'hiſtoire.

Bientôt, j'espère livrer à l'impreßion la première partie
d'un long travail puisé dans nos archives municipales ;
je l'intitulerai Les Comptes de la Ville de Lille : extraits
concernant les arts, l'induſtrie, les coutumes locales et
l'archéologie, depuis les premières années du XIVᵉ ſiècle
jusqu'à la mort de Charles-Quint. En attendant cette publication, je donne aujourd'hui l'Hiſtoire de la fabrication des
Tapiſſeries à Lille ; les documents que j'ai réunis sur ce
sujet m'ont paru aßez complets pour motiver une étude spéciale dans le genre de celles que j'ai consacrées à la Céramique Lilloise & à la Halle Échevinale.

L'accueil bienveillant fait à ces deux ouvrages m'a décidé
à éditer cette nouvelle monographie ; c'eſt l'hommage pieux
d'un enfant de la ville de Lille à l'activité induſtrielle &
artiſtique qui a fait dans le paſſé l'honneur de cette cité,
comme elle eſt, dans le présent, sa fortune & sa gloire.

J. HOUDOY.

Lille, 1870.

LES TAPISSERIES DE FLANDRE.

Histoire de la Fabrication Lilloise.

I

QUATORZIÈME SIÈCLE.

*Développement des induſtries de luxe sous la Maison de Bourgogne.
— La fabrication des tapiſſeries au XIVe ſiècle. — Arras. —
Tournai. — Bruxelles. — Audenarde. — Lille. — Le Magiſtrat
de Lille commande à Arras les tapiſſeries offertes à Charles V et
au comte d'Estampes. — Vincent de Bourselles.*

Le développement des induſtries de luxe & le progrès des
arts dans les Flandres pendant la période séculaire qui comprend la domination de la Maison de Bourgogne, entrevus
dans les chroniques du temps, affirmés par le livre de M. de
Barante, ont été depuis mis en pleine lumière par un grand
nombre de travaux remarquables qui ont paru tant en Bel-

Parmi les publications archéologiques puisées aux sources originales, il faut citer en première ligne : *Les ducs de Bourgogne*, études sur les lettres, les arts & l'induftrie pendant le XV° fiècle [1].

Cet ouvrage, bien qu'incomplet (M. de Laborde n'a publié que les documents qui devaient servir de preuves à l'hiftoire qu'il se proposait d'écrire), abonde en renseignements pour les curieux qui s'occupent de recherches spéciales, & qui n'ont ni le temps ni la poffibilité de remonter aux sources.

Le premier volume de cet ouvrage eft principalement intéreffant pour l'hiftoire artiftique & induftrielle de notre pays, car, exclufivement composé d'extraits choifis dans les comptes de la recette générale de Flandres & de la recette générale des finances qui sont une des principales richeffes de nos archives départementales, il fait paffer succeffivement sous les yeux du leêteur les noms de tous les artisans peintres, sculpteurs, graveurs, verriers, orfèvres, brodeurs, tapiffiers, &c., &c., qui travaillèrent pendant un fiècle pour les princes de la Maison de Bourgogne, dont le luxe traditionnel n'avait point alors de rival en Europe.

La ville de Lille, où réfidèrent fi souvent les princes de cette maison, Lille, qui était chaque année le théâtre des joùtes somptueuses de l'Épinette & qui vit se tenir dans ses murs le premier & le cinquième chapitre de la Toison-d'Or [2] & le

----

[1] M. le comte de Laborde, 3 volumes, Paris, 1849 à 1852.

[2] En 1432 et 1437

fameux banquet du Faisan [1] dont les mémoires d'Olivier de la Marche racontent les splendeurs, Lille, disons-nous, fournit un certain nombre de noms a ce livre d'or de l'induftrie flamande au XVe fiècle. Nous avons poursuivi, jusqu'à la fin de la domination espagnole, les recherches que M. de Laborde avait arrêtées en 1482.

Plus récemment M. Pinchart, chef de section aux archives du royaume à Bruxelles & auteur de plufieurs publications archéologiques, a, dans un mémoire couronné par l'académie de Bruxelles, retracé l'hiftoire de la tapifferie dans les Pays-Bas. — Ce travail, que l'auteur n'a point encore livré à la publicité, ne nous eft connu que par le rapport de M. Fetis, inséré dans le bulletin de l'académie des sciences de Belgique [2]. Quant au livre, puisé aux sources officielles, il abondera en documents intéreffants que M. Pinchart réunit de toutes parts, auffi eft-il impatiemment attendu par les spécialiftes, car il présentera le tableau complet de cette importante induftrie dans laquelle l'art prend une si large part & que les Flandres ont pratiqué avec une grande supériorité au Moyen-Age & pendant la Renaiffance.

Quant à nous, nous avons voulu, sur un plan infinement plus reftreint, recueillir dans nos archives communales tout ce qui concerne l'induftrie de la tapifferie, afin de faire voir, avec plus de détails que n'en pourra donner l'hiftoire générale

---

(1) 1453.

(2) 2 série, tome VIII.

la plus complète, quelle part la ville de Lille peut réclamer dans l'œuvre générale.

D'après le rapport de M. Fetis, M. Pinchart place Lille au cinquième rang dans la lifte chronologique qu'il établit, & après Arras, Tournai, Bruxelles & Audenarde. Peut-être pourrions-nous discuter cette claffification en ce qui concerne Audenarde, mais nous devons avouer tout d'abord qu'au XVᵉ fiècle, pour ce qui a rapport à cette induftrie, le rôle de la ville de Lille eft d'abord fi peu important, lorsqu'on le compare à la célébrité que les villes précitées se sont justement acquise à cette époque, que la queftion de date n'a qu'un intérêt secondaire. Si modefies pourtant qu'aient été les débuts de cette induftrie à Lille, nous avons cru bien faire en les tirant de l'oubli; le mérite inconteflé des tapifferies plus récentes qui ont survécu juftifie surabondamment notre prétention de retracer l'hiftoire des fabricants qui les ont fignées.

D'accord avec M. Pinchart, c'eft la ville d'Arras que nous avons vu figurer la première dans les comptes de la recette générale de Flandre; en 1378 [1] des achats de tapis fabriqués dans cette ville sont enregiftrés avec le nom du fabricant, Huwart Wallois [2]. — Nous donnons plus loin des acqui-

---

[1] Arras et les villes de Flandre avaient fabriqué des tapisseries bien antérieurement aux dates que nous citons ici; ni l'art, ni l'industrie n'arrivent du premier coup à un tel degré de perfection.

[2] Premier compte Henri Lippin, depuis le penultième jour de mars ᴍ ᴄᴄᴄ ʟxxᴠɪɪɪ jusqu'au xxɪɪᵉ jour de mars ᴍ ᴄᴄᴄ ɪɪɪxx.

fitions importantes faites à Arras pour le compte de la ville de Lille antérieurement à cette date. Nous avons relevé ces achats dans nos comptes municipaux.

En 1448 la ville de Tournai apparaît pour la première fois [1], mais d'une façon éclatante :

A Robert Davy & Jehan de l'Ortye marchans, houvriers de tapiſſeries, demourans à Tournay, en déduction de la somme de viii^m ix^c lx écus pour viii pièces de grans tappis de haulte-lice, contenans ensemble xi^c xx aulnes qu'ils doivent parfaire & délivrer . . . . vi^c ^{l}

Des à-comptes succeſſifs furent payés à ces ouvriers &, enfin, en 1454, Philippe-le-Bon leur acheta pour la somme de trois cents écus d'or [2] les patrons de la tapiſſerie dessinés par Bauduin de Bailleul.

Cette tapiſſerie représentait l'hiſtoire de Gédéon ; elle avait été commandée par le duc Philippe, qui la deſtinait à orner la salle où devaient se tenir les aſſemblées de l'ordre de la Toison d'Or fondé par lui. M. Labbé van Drival [3] attribue à tort cette œuvre importante aux fabriques d'Arras, elle appartient à l'induſtrie de Tournai & elle fut exécutée sur les deſſins d'un nommé *Baudouin le Paintre* ; un article des comptes de 1448 porte en effet [4] :

---

(1) Compte iiie de la recette générale pour ung an entier du 1er janvier m cccc xlviii, au xxxi décembre m cccc xlix.

(2) Compte dixième de Guillaume de Pouppet.

(3) Histoire des Tapisseries d'Arras.

(4) Compte iiie de la recette générale.

A Bauduin le painctre pour une fois en confidéracion des frais &
despens qu'il a fais & souftenus à eftre venu par devers M. d. S. en
la ville de Bruges ou il a longuement séjourné pour lui montrer
certains patrons qu'il avait fais & pains sur la forme de certaines
tapifferies que M. d. S. fait préfentement hiftorier de la thoison d'or.
. . . .xxxvi¹ de xl ᵍʳᵒˢ

Quel était ce Bauduin? le travail de M. Pinchart nous le
dira sans doute ; ce doit être lui dont il eft queftion dans la
couronne margaritique, compofition poétique de Jean Lemaire,
que M. Paulin Paris a fignalée dans son catalogue des manus-
crits de la Bibliothèque impériale, & que M. de Laborde a
reproduite dans l'introduction de son ouvrage. Dans cette
pièce, où le poète paffe en revue les artiftes les plus célèbres
que la Flandre produisit au XVᵉ fiècle, on trouve ces deux
vers qui doivent concerner le peintre Bauduin précédemment
cité :

> Et cil qu'on prise au soir & au matin
> Faisant patrons Bauduin de Bailleul.

En 1466 la fabrication bruxelloise eft mentionnée à son tour
dans les comptes de la Maison de Bourgogne & pour la
première fois :

A Jehan de Rave, marchand tapiffier, à cause de cinq cent sept
aulnes de tapifferie de l'hiftoire d'Hannibal pour le refte & parpaye
d'icelle(1) cvii

---

(1) Compte nᵉ de Barthelemy Trotin.

Audenarde qui, selon M. Pinchart, a précédé Lille dans la fabrication des tapiſſeries, ne figure point dans les comptes de la Maison de Bourgogne ; mais d'après une lettre de l'archiviſte de cette ville, adreſſée à M. le comte de Laborde [1], la première charte d'inſtitution du corps des tapiſſiers porte la date du 11 juin 1441 ; il ajoute que, dans les comptes municipaux, ce n'eſt qu'à partir de 1499 « qu'il a pu rencontrer quelques rares documents & des noms propres de fabricants. »

Quant à l'exiſtence de cette induſtrie à Lille, ſi les comptes de la recette de Flandre ne la conſtatent qu'à partir de 1467, en inscrivant une acquiſition faite à un fabricant lillois par Charles - le - Téméraire, (nous reproduirons cet extrait des comptes à sa date), nous avons, par des documents authentiques, le droit de faire remonter beaucoup plus haut les débuts de notre fabrication locale.

Les comptes particuliers de la ville que nos archives municipales conservent à partir de l'année 1317, établiſſent en effet que, dès le XIVᵉ ſiècle, Lille poſſédait des tapiſſeries. Ainſi lorsqu'en 1318 le comte d'Évreux, fils de Philippe-le-Long, vint, pour le roi de France, faire serment en la salle échevinale, de respeêter les priviléges de la ville qui, séparée de la Flandre, était réunie direêtement à la couronne de France, la salle échevinale où eut lieu la cérémonie du serment fut tendue de draps de tapiſſeries :

---

(2) Les Ducs de Bourgogne, T. II, introduction, p. xviii.

A Jehan Orghet, pour iii dras, qui furent atachiet en la halle a
claus quand M. S. dévreus i fu . . . . vii^sviii^d

En 1368 nous trouvons une mention de même genre, mais
cette fois plus explicite, ce sont bien des tapifferies de haute
liffe que mentionne le comptable :

A Willaume de le halle pour le louwage de ii dras de l'œuvre de
haulte-liche, pour tendre par devant les frenieftres des ii logis, aus-
quels eschevins & li consauls furent au Behourt (1) pour veoir les
joustes . . . . xiii^sx^d

Dans un compte de l'église Sainte-Catherine de l'année
1386, le seul qui subsiste de cette époque reculée (1) on lit
auffi :

Pour ung drap de haute-liche à mettre sous le crucefis . . . xii^l

Mais rien ne prouve que ces tapifferies fuffent des œuvres
lilloises, & quand en 1367 le Magiftrat résolut de faire au
comte d'Eftampes & au roi de France Charles V un riche
présent de tapifferies, c'eft à l'induftrie de la ville d'Arras,
notre célèbre voifine, que l'on décida de s'adreffer.

Nous allons reproduire textuellement tous les articles de
nos comptes qui se rapportent à ce présent ; ces détails inté-

---

(1) Fête de l'Espinette.
(1) Archives départementales, fonds ecclésiastique.

ressent & la ville de Lille & la ville d'Arras, car ils sont anté-
rieurs à la première mention que nous avons fignalée dans
les comptes de la Maison de Bourgogne, en l'année 1378.

Compte de 1367. — A Robert Canard, envoyer à Arras, par
M. S. le gouverneur de Lille, pour eftre au marchander & deviser
les dras de cambre que on doit donner au roy noftre Sire & à M. S.
d'Eftampes, pour iii jours à xxxvi deniers par jour. . . . . . . ix^s

A lui pour le sallaire d'un peintre qui fift les patrons & exemples
d'iceux dras, i franc de. . . . . xvi^{s}ii^d

Compte de 1368. — A Willaume le Preudhomme, envoyé à Arras,
par v jours, par devers M. S. le gouverneur pour voir, prendre
rechevoir & lever les dras de cambre deffus dis, pour iceux envoyer
à Paris. . . . . ciii^{s}vi^d

A Vinchent Bourselle d'Arras, pour se parpaie de vi^e iiii^{xx} iii^l ii^s
monnoie de Flandre, que par marquiet à lui fet, il devoit avoir pour
fere ii dras de cambre de l'œuvre d'Arras, pour les présenter au roy
noftre Sire & M. S. d'Eftampes, dont payés lui avoit efté ii^c lions d'or
de iiie livres de la deffus dite monnoye & que par les comptes du mois
de septembre & de octobre d'arrain paffé apparoît, payé pour se dite
parpaye ii^c iiii^{xx} i de la dite monnoye . . . . ii^c iiii^{xx} i

Item, au dit Vinchent, pour l'amendement du dit marquiet, pour
ce que yceulx dras il a mieulx fais & ouvrés que dis & devisé ne le fu a
efté marcander payer pour ce par accord . . . . viixx^l

Item, au dit Vinchent, pour frès de bouche de nos seigneurs les
eschevins, tant de l'an paffet, comme de cet an présent, & offi de
M. S. le gouvernieur, fés par plufieurs fois en la maison du dit Vinchent, en y alant pour savoir & voir l'avancement de l'œuvre d'iceux
dras, payé pour ce comme pour autre certaine cause dont eschevins
ont bien efté informé. . . . . xiiii^l

A Willaume le Preudhomme, pour le fret d'iceulx dras porter à
Paris, lesquels poiscent environ vii^c livres, tant pour le sallaire des

valés qui les portèrent comme pour le kennevack & cordes à les
entourseler viii livres d'or. . . . . ix^l iiii^s

Item , pour le sallaire du clerc de M. S. le gouverneur, de escrire
groffer & doubler par plufieurs fois tout le marquiet d'iceulx dras
xvi^s iiii^d

Pour le sallaire des valés , qui portèrent de l'oftel , M Denis Titte (1)
ès cambres d'ou roy & M. S. d'Eftampes , les dras de cambre deffus
dis dont il avoit xvi pièces. viii^s

Ces deux chambres de tapifferies qui coûtèrent de prix principal sept cent vingt-trois livres , somme très confidérable pour
l'époque , étaient un cadeau vraiment royal ; il eft fâcheux
que nos archives n'aient point conservé un des doubles du
marché rédigé par le clerc du gouverneur , il nous eut appris
& les sujets représentés sur ces tapifferies, & le nom du
peintre qui en deffina les patrons. Ce doit être Pierre de
Sainte Katerine , artifte lillois, qui venait de peindre le tableau
d'autel de l'église St.-Maurice. Mais il eft au moins un renseignement qui reffort des articles ci-deffus, c'eft que la livre
pesant de belle tapifferie valait un peu plus de une livre monnaie de Flandre.

Ce présent eut vraisemblablement pour cause le voyage de
Charles V dans notre province , où il était venu pour arriver
à conclure le mariage de Philippe-le-Hardi , son frère , avec
la fille unique de Louis de Male , dernier comte de Flandre.

On sait qu'en raison de ce mariage la ville de Lille , qui avait

---

(1) Denis Titte était le représentant de la ville à Paris , chargé de suivre les affaires
devant le Parlement.

été détachée depuis le commencement du fiècle du comté de Flandre, fut reftituée comme cadeau de noces à son ancien poffeffeur. La ville de Lille, heureuse de son retour à la Flandre, payait généreusement sa rançon par un don gracieux.

Nous allons aborder maintenant la fabrication lilloise ; mais avant de reproduire les nombreux documents que nous ont fourni nos archives, nous devons faire observer que, quand il s'agit de rechercher l'origine d'une induftrie & à une époque auffi reculée, ce n'eft que par des citations textuelles que l'on arrive à donner à un travail un degré de certitude suffisant ; auffi avons-nous tenu à mettre une preuve à côté de chacune de nos affirmations. — C'eft donc plutôt, pour l'origine de cette induftrie, une série de documents que nous publions qu'une hiftoire proprement dite.

LES
TAPISSERIES DE HAUTE-LISSE.

I I

QUINZIÈME SIÈCLE.

Les premiers haut-liſſeurs lillois. — Regiſtre aux Bourgeois. — Tapiſſeries pour la Halle Échevinale. — Les tapiſſiers lillois travaillent pour les ducs de Bourgogne. — Surveillance du Magiſtrat. — Procès curieux. — Corporation des Bourgetteurs. — Sayetteurs établis à Lille après la prise d'Arras. — Nature des étoffes fabriquées par ces deux corporations.

C'eſt dans les dernières années du quatorzième siècle que l'on voit pour la première fois figurer aux regiſtres aux Bourgeois les noms d'artisans suivis de la qualification de haut-liſſeurs. Dès le commencement du XVe siècle, un courant d'émigration semble s'être établi d'Arras vers Lille ; nous avons relevé sur les comptes, au chapitre spécial de recette où l'on inscrivait chaque année les sommes perçues pour droits

3

de bourgeoifie[1], les noms des artisans qui sont mentionnés comme exerçant la profeffion de haut-liffeurs; mais avant de les reproduire, nous devons dire que ce sont ces chapitres des comptes qui, relevés chaque année & transcrits sur un regiftre spécial, ont formé la série fi intéreffante intitulée : *Regiftre aux Bourgeois*, que nos archives municipales poffèdent sans interruption de l'année 1291 au 14 juin 1792. A cette source officielle les anciennes familles lilloises peuvent reconftituer leur filiation et compter leurs quartiers de bourgeoisie.

Voici les premiers ouvriers de tapifferies qui figurent sur ces regiftres, c'est Arras, la ville où cette induftrie a pour ainsi dire pris naiffance, qui nous les envoie :

1398. Robert Pouffon, ouvrier de haulte-liche, fil Henri Pouffon.

1401. Simon Lamoury, fil de feu Jehan, d'Arras.

1404. Jehan Lamoury, haulte-licheur, fil de feu Jehan, d'Arras.

1406. Colard des gres haulte-licheur, fil de feu Jehan, de Wailly emprès d'Arras.

1407. Jehan de Ransart, haut-licheur, fils de feu Jacques de Ransart, emprès d'Arras.

Un peu plus tard, c'eft Paris & Saint-Denis qui nous envoient des artisans pratiquant cette induftrie.

1412. Pierard Beghin, hault-licheur, fils de feu Jehan, de St-Denys, en Franche.

1412. Antoine Semectre, hault-licheur, fils Adam Le Semectre, né de Paris

---

(1) Ce droit était alors de LX sous.

Nous ferons observer que les regiſtres aux Bourgeois ne mentionnent pas régulièrement le métier des nouveaux titulaires, & sans doute les mentions qui précèdent n'ont-elles exceptionnellement inscrit la profeſſion des récipiendaires que parce que, à ces dates, il s'agiſſait d'une induſtrie nouvelle pour la ville de Lille.

En effet, à partir de 1412 nous ne voyons plus la qualification de *haut-licheur* accolée au nom des titulaires & à l'époque précisément où cette industrie de la haute-liſſe avait pris tout son développement, c'eſt donc à d'autres sources que nous avons à demander les noms de ces ouvriers spéciaux.

Un conflit de juridiction entre le Magistrat & l'Église Saint-Pierre nous a fourni, par exemple, un nom à ajouter à la liste qui précède. On lit dans les comptes de la ville : [1]

1409. A Jehan Le Borgne qu'il a payé du command d'eschevins pour trois pastés esquels on miſt vi laperaulx, vi petrix, trois douzaines d'aloes & deux cappons de Meſſines avoec espices et fachons d'iceux pastés despensés le premier jour d'octobre ᴍ cccc & nœf par les eschevins pluſieurs de leur conseil en la compaignie de M. S. le gouverneur de Lille & pluſieurs des cannonnes[2] de l'église Saint Pierre de Lille, auquel jour eulx furent tous ensemble aux Jacoppins pour visiter le lieu & place ou certain jour paſſé fut prins un *haulte licheur* par le lieutenant du prévots de Lille & mené prisonnier ès prisons d'icelle prevoſté, dont ceulx du chapitre d'icelle église s'étaient complaints en cas de nouvellité par devers M. S. le gouverneur disant la dite prise avoir eſté faite en leur terre & juridiction pour ce pour le cout des pastés . . . . .vⁱ vⁱˢ

---

(1) Archives municipales
(2) Chanoines.

Le Magiſtrat , bien que l'on conteſtât ses droits, envoya des celliers de la ville , pour arroser les pâtés , vi los de vin *franchois* à v^s, & vi los de vin *rinois* à vi^s, & après boire l'affaire fut arrangée.

L'article des comptes qui conſtate la solution du différend nous donne en même temps le nom du haut-liſſeur qui , après nous ne savons quel méfait , avait cherché asile sur les terres des Jacobins[1], situées en dehors de la porte Saint-Pierre.

1410. A Willaume Bidé qu'il a payé pour l'appointement qui fut nagaires rendu du rétabliſſement requis par les doyen et maistres de Saint-Pierre de Jehan Filloel prins au pourpris de l'enclos des Jacobbins , dont les dis de Saint-Pierre s'étoient complains en cas de nouvellité sur la saisine des prevost & eschevins &c. . . . . x^s

Nous ne connaissons du reſte aucune œuvre à signaler qui provienne des ateliers des ouvriers dont nous venons de citer les noms & qui exercèrent chez nous la fabrication de la tapisserie. En 1424 les comptes de la ville mentionnent pour la première fois une acquisition de tapis provenant de l'industrie locale. Il s'agit tout simplement de remplacer dans la salle du Conclave les tapiſſeries sur lesquelles siégeaient les Eschevins.

A Simon Le Vinchent , marcheteur , pour avoir fait et livré tout de noef & de marcheterie tous les banquiers vermaulx semés de fleurs de lys blanches mis sour les siéges d'eschevins, du conseil, huit hommes & clers en la halle d'eschevins pour que ceulx qui par avant y estoient ne valoient rien , mais estoient tous déquirés, item a livré rubans daches et les aſſis par marchié . . . . xxxix^1

---

(1) Les frères prêcheurs de l'ordre de Saint-Dominique

Ce terme de marcheteur que nous n'avons trouvé dans aucun glossaire nous avait d'abord inspiré quelques doutes, mais des articles des comptes poſtérieurs relatifs à des livraisons de même nature nous ont démontré qu'il s'agissait bien de tapiſſeries.

1442. A Jacquemard Largeche, *hault-liceur*, pour l'accat à lui fait de par eschevins de XLVIII aulnes de tapis figurés en chaculne aulne en quarrure une blanche fleur de lys, dont on a fait XXIIII couſſins pour l'usache de la ville, mis en la maison du Seel, au pris de XX[s] l'aulne, monte les dites XLVIII aulnes . . . . XLVIII[l]

Voici maintenant ce même Largeche cité dans l'article ci-deſſus comme haut-lisseur, qui va reparaître comme fabricant de marcheteries ; nous sommes en conséquence très-disposés à croire que la marcheterie n'était autre chose que ce que l'on a appelé plus tard la basse-lisse. La différence entre la haute et la baſſe-liſſe consiſte, on le sait, dans la position verticale ou horisontale des fils de la chaîne.

1453. A Jehan Fremaux & Hue Devincq commis aux estats de cette ville qu'il ont payé à Jacquemard Largèche & Ghillebert Deleplanque marcheteurs, pour LXXVI aulnes & demie de drap de marcheterie de couleur vermeille entresemé de fleurs de lys blanches qui sont les armes de la ville, dont on a fait ung doſſier servant en la halle au-derrière du siége d'eschevins, ou quel dossier sont faites *à toute la dite œuvre de marchetier* les armes et hachemens du roy notre sire, de M. S. le duc de Bourgoigne & de M. S. de Saint-Pol, ensemble avoir fait et renouvellé les banquiers de tous les siéges d'icelle salle . . . . LXVIII[l] XII[s] VI[d]

Item pour III patrons néceſſaires aux dis marchetiers pour faire les armes et hachements à XVI[d] la pièche . . . . XLVIII[s]

C'eſt en cette année 1453 qu'eut lieu le repas du Faisan & la ville faisait décorer la salle du Conclave pour qu'elle fut digne de Philippe-le-Bon et du comte de Saint-Pol, châtelain de Lille qui, pendant leur séjour, devaient néceſſairement être reçus dans la Halle échevinale

Nous avons encore trouvé dans les dépenses de cette même année :

A François Le Haze, qu'il a paié pour l'accat par lui fait d'un drap point servant à mettre en esté au-devant de la queminée où l'on fait le feu en la chambre du Seel de la dite ville pour ce et certaine quantité de claux de liches à ce servans . . . . xxxvıı ſ ıııı ᵈ

S'agit-il pour cet écran d'une peinture ou d'une tapiſſerie ? *Drap point*, bien que cette expreſſion s'applique assez communément aux patrons, elle a quelquefois été employée pour désigner les tapiſſeries elles-mêmes. Disons seulement ici que nous verrons bientôt un Jehan de Haze vendre de véritables tapiſſeries au duc de Bourgogne.

On sait qu'au quinzième siècle les tapiſſeries étaient, pour ainſi dire, la seule décoration des appartements ; auſſi les ducs de Bourgogne, dans leur existence un peu nomade, faisaient-ils toujours voyager avec eux leurs tapiſſeries, dont la garde était confiée à un officier de leur maison. Elles servaient dans les résidences qu'ils occupaient succeſſivement, à diſſimuler la nudité des murs. Dans cette année 1453, où eut lieu à Lille, nous l'avons dit, le célèbre banquet du Faisan dont nous ne referons pas la description, les innombrables tapiſſeries que Philippe-le-Bon comptait dans son garde-meuble jouèrent un grand rôle ; il faut lire dans les chroniqueurs du temps la désignation des riches tentures qui parèrent la salle du feftin[1]. Elles servirent même exceptionnellement à décorer la façade de la Halle et l'autel de la proceffion du Saint-Sacrement ; le comptable de la ville en a laissé la preuve dans un article ainsi conçu :

A Hacquinet Leroux qu'il a donné en courtoisie à ceulx de la tapífferie de N. T. R. Seigneur pour ce qu'ils pourtendirent la devanture de la Halle de la dite ville des draps de tapífferie de N. d. S. ensemble parèrent et habillèrent le dit autel . . . . . . xxxviii^s

Ce genre de décoration devint depuis cette époque d'un usage conftant, et à partir de 1460 les comptes de la ville, au chapitre consacré chaque année aux frais de la proceffion & de la fête du Behourt, présentent un article spécial pour cette dépense. Ces mentions nécessaires nous ont livré les noms des hauts-liffeurs qui prêtèrent, à titre gracieux, leurs tapifferies ou les patrons de leurs ateliers pour cet usage pieux. Voici l'article tel qu'il eft formulé pour la première fois :

A ung valet de Pierre Delos, pour avoir tendu la Halle d'eschevins d'aulcuns patrons de haulte-liche & les avoir dépendus & rapportés à la maison Pierre Delos qui les avoit preftés . . . . iiii^s

On fut moins généreux, on le voit, pour le valet du fabricant lillois qu'on ne l'avait été pour les gens du duc ; néanmoins les tapifferies de Pierre Delos ne figurèrent pas seulement à cette décoration, elles servirent encore chaque année à orner la salle provisoire que le Magiftrat faisait conftruire en halle à l'époque de la fête du Behourt :

---

(1) Voir les ducs de Bourgogne de M. de Barante et les Mémoires d'Olivier de La Marche.

Pour les eschevins & notables personnes bourgeoises de la dite ville
eftre en récréation au souper dudit Behourt sans faire dépens à la
ville.

Ainfi en 1466, on lit :

A Jehan Dumortier, qu'il a payé aux serviteurs de Pierre Delos,
pour leur sallaire d'avoir tendu & paré la dite chambre de patrons de
haute-lice obftant ce que le refend n'eftoit point honnefte, mais
eftoit fait par haftivité & clos seulement de cloyes, pour ce & en
courtoifie . . . . XIIˢ

Deux ans plus tard, en 1468, l'entrée solennelle de Charles
le Téméraire donna lieu à des fêtes & à des réjouiffances
qui ont laiffé des souvenirs dans les comptes. Le Magiftrat fit
conftruire devant les fenêtres de la Halle un grand balcon exté-
rieur pour la cérémonie du serment, afin que le duc, après
avoir juré au Magiftrat de maintenir les libertés & privilèges
de la ville, put recevoir à son tour du peuple affemblé sur
le grand marché, le serment de fidélité.

Ces conftructions sont longuement détaillées dans les
comptes, nous y lisons que le *Chelet* & l'*Eftaplaut* conftruits
devant les feneftres de la Halle furent couverts de noir velours
& que *le demourant*, c'est-à-dire toute la façade de la Halle
jusqu'au premier étage, fut *tendue de haulte-liche*.

1468. — A Martin Platel & son compagnon manœuvre, pour
avoir fait aide aux charpentiers à tendre les draps de haulte-liche
XVIˢVIᵈ

Est-ce la vue de ces tentures qui décida le duc Charles à
faire une commande à l'induftrie locale ? Toujours eft-il que

les comptes de la maison de Bourgogne nous fourniffent au cours de cette année la citation suivante [1] :

A Camus Dujardin, haute-liffeur, demourant à Lille, la somme de quatre-vins-cinq livres pour certaines parties de tapifferie par lui vendues & délivrées pour M. d. S. au mois de mai LXVIII, affavoir : pour un banquier de dix aulnes de long & deux aulnes & demye de largue, qui sont XXV aulnes. — Item, un tappis de fix aulnes de largue & III aulnes de hault, sont XXIIII a. & pour trois pièces de banquiers, chacune huit aulnes de long & aulne & demie de largue, sont XXVI au., font en tout IIII^{xx}V au., qui à vins sols valent la dite somme de IIII^{xx}V livres [2]. Pour ce & par quittance avec certiffication de Garnot Pourcelet, varlet de chambre & garde de la tapifferie de M. d. S.

IIII^{xx}V 1

Nous avons de plus trouvé aux archives départementales [3] un reçu de l'année 1470 relatif à une seconde fourniture faite par un tapiffier lillois au duc de Bourgogne ; voici le texte de cette quittance originale :

Je Jehan de Haze, tapiffeur, confeffe avoir reçu de Guilbert de Ruple, argentier de M. S. le duc de Bourgogne, la somme de quatre-vingt-dix-sept livres IIII sols du prix de XL gros la livre qui deue m'eftoit pour deux pièces de tapifferies que j'ai faites pour mon dit S. à ses armes, contenant chacune pièce dix aulnes de long & trois aul. de largue, qui font LX aulnes, au prix de XVIII^s, font LIII livres & pour deux pièces de tapifferies de pareille ouvrage, contenant

---

(1) Compte de Guilbert de Ruple pour ung an du 1er janvier M CCCC LVII au XXXI décembre M CCCC LVIII.

(2) Ce sont ici des livres de XL gros, par conséquent la somme payée était de cent soixante-dix livres de Lille.

(3) Carton année 1470, pièces détachées. Les comptes de la ville étant toujours en livres de XX gros, il faudrait donc pour la comparaison doubler la somme et lire 194^l 8s

la pièce vɪɪɪ aul. de long & ɪɪɪ au. de largue, qui font xʟvɪɪɪ au., au dit pris, xʟɪɪɪ¹ɪɪɪɪˢ, de laquelle somme de ɪɪɪɪˣˣxvɪɪ¹ɪɪɪɪˢ je me tiens pour content. Le xvɪɪɪᵉ jour de octobre ᴍᴄᴄᴄᴄ ʟxx.

Suit, au bas de la quittance, le certificat de Garnot Pourcelet qui déclare avoir reçu la dite livraison.

Par surcroît de précaution, & pour bien conftater la résidence des dits tapiffiers dont nous venons de citer les noms, nous avons voulu nous affurer si les Regiftres aux Bourgeois renfermaient les noms de ces deux fourniffeurs du duc Charles & nous y avons lu la mention ci-après :

Camus Dujardin, fils de feu Jacquemart, natif de Seclin, par achat. (Touffaint 1450.) . . . . ʟxˢ

Camus Dujardin était donc bourgeois de Lille depuis vingt ans lorsqu'il travailla pour Charles-le-Téméraire.

Quant à Jehan de Haze, fils de feu Pierre, sa réception à bourgeoifie date de l'année 1461.

Nous ne répèterons pas les citations qui se reproduisent chaque année pour les tentures de la proceffion & du Béhourt, nous dirons seulement qu'en 1471 c'eft un haut-liffeur nommé Jehan Calet qui fournit les tapifferies en remplacement de Pierre Delos ; en 1474 un nouveau nom apparaît encore au livre des comptes pour la livraison des couffins fleurdelysés qui garniffaient le siége du Magiftrat :

A Grard Lejosne, tapiffeur, pour la fachon & eftoffes de xvɪ couffins pour la dite ville bien & honneftement armoyés aux armes de la dite ville, au pris de xʟˢ la laye de chascun couffin d'une aune de quarrure . . . . xxxɪɪɪ

Les achats faits par la ville, fi ce n'eft dans des cas tout-à-
fait exceptionnels, ne confiftaient le plus souvent qu'en tapifferies sans grande importance artiftique ; ce sont les comptes des
églises & des communautés religieuses, s'ils exiftaient encore,
qui nous auraient fourni des renseignements sur les tapifferies
décoratives que nos fabricants tiffaient pour ces établiffements ;
mais les comptes de cette époque ont disparu, & dans les
quelques fragments plus récents que poffèdent les archives,
les articles pour réparations de tapifferies anciennes ne sont
pas affez explicites pour motiver une reproduction.

Dans un autre ordre d'idées, le regiftre aux mémoires,
année 1476, nous donne sur la fabrication un document
important. Reproduisons-le tout d'abord :

Le premier août 1476, après ce que eschevins de Lille sur le doléance
à eulx faite par certains hault-liciers de cette ville sur ce qu'ils main-
tenoient que Pierre Dujardin, fils de feu Camus, avoit en certaine
ouvraige de haulte-lice fait bouter au lieu de fil de soye du fil de lin
qui eft chause frauduleuse & déceptive, ils heurent ordonné que vifitation serait faite par trois des eschevins & par gens & ouvriers à ce
cognoiffans du dit ouvraige pour le dit rapport fait, porter advis à
rendre tel appointement en la matière qu'il appartiendra par raison.
Iceux eschevins après rapport à eulx faict par ces dits de la dite vifitation par laquelle il eft apparu & auffi par la confeffion du dit Pierre
faicte par devant eulx en jugement, qu'il avoit fait mettre du dit fil
de lin en lieu de soye au dit ouvraige, ordonnèrent à icelui Pierre
Dujardin de faire défaire & ofter tout le dit fil de lin & au lieu
d'icelluy y remettre fil de soye, en avoir étoffe licite & non déceptive. Ensemble lui ordonnèrent que tout le fil de lin qu'il fera
ofter d'icelui ouvraige & auci celui qu'il auroit en sa maison il mette
soubs la main de justice, pour après le dit ouvrage réparé en eftre
faict ce qu'il appartiendra, lui ordonnant en outre après icelui ouvrage

réparé et avant qu'il soit descendu de l'oſtilie, de le ſignifier aux dits eschevins pour en faire adviser par ceulx qui l'avaient viſité pour savoir s'il sera fait comme il appartient..

Et ce fait, pour le mesus que en ce le dit Pierre pourroit avoir comis, il se submet en l'ordonnance d'eschevins ; lui oy en ces excusations promet de comparoir à toutes journées qui lui seront aſſignées & rendre son corps prisonnier au jour d'oyr droit, à payne de quarante escus, laquelle submiſſion demeura en surséance jusqu'à ce que l'ouvrage deſſus déclaré sera réparé & amendé.

Quatre mois plus tard, le septième jour de décembre, après avoir accompli le travail ordonné par le Magiſtrat, c'eſt-a-dire après avoir remplacé dans son travail le fil de lin qu'il avait frauduleusement employé en guise de fil de soie, fraude qui avait été dénoncée par ses confrères exerçant la même induſtrie, Pierre Dujardin, ainſi qu'il en avait pris l'engagement, reparut devant ses juges pour s'entendre condamner. Laiſſons parler le regiſtre aux mémoires :

Le dit jour (viie de décembre 1476), Pierre Dujardin, pour les causes déclarées en sa submiſſion, fut par eschevins condempné, après qu'il se fut rapporté en la dite ordonnance de faire un escondit [1] en jugement, disant : que comme mal advisé, à tort & sans cause il avait mis ou fait mettre en ung drap de tapiſſerie qu'il avait fait faire & ouvrer en sa maison, du fil de lin en lieu de soye, en eſtre dolent, en requérir bien le merchy & pardon aux dits eschevins ; pour juſtice eſtre faite, fut banni de la ville & taille tant qu'il ait faiƈt voiage à la Magdelaine de la Baume [2], à partir en dedans ledit jour de soleil,

(1) Excuse publique, amende honorable
(2) En Provence.

à rachat de fix mille de bricques & sy fut condempné à faire ung autre voiage de . . . . . (1) d'Utrecht, à partir que par eschevins il en sera semons, & des dis voiages avoir faicts il rapportera lettres.

On aura remarqué que c'eft sur la plainte des haut-liffiers, ses confrères, que Pierre Dujardin avait été attrait devant le Magiftrat; il eft donc probable qu'à cette époque, bien que nous n'ayons pas retrouvé leurs ftatuts, les fabricants de tapisserie formaient une espèce de corporation. A cette date, du refte, l'autorité souveraine n'était pas encore intervenue, comme elle le fera plus tard, pour réglementer cette importante induftrie ; mais à défaut d'ordonnance émanant du gouvernement central, le Magiftrat, qui savait que la loyale fabrication des étoffes intéreffait la bonne renommée de la ville & l'accroiffement de son induftrie, réprimait énergiquement toutes tentatives de fraude dans la fabrication ; & la subftitution de fil de lin à la soie, dans une tapifferie qui ne pouvait être qu'un produit de luxe, n'avait pu le laiffer indifférent.

Quant aux pélerinages auxquels il condamna le coupable, suivant la coutume du temps, ils étaient toujours doubles, & fi l'un était rachetable, l'autre devait toujours être exécuté.

Dans l'espèce, nous ne mettons pas en doute que Pierre Dujardin ait préféré payer les fix milliers de briques (2) qui

---

(1) Nous n'avons pu lire le nom du saint.

(2) L'entretien des fortifications était au compte de la ville et les amendes encourues fervaient aux réparations, chaque année indispensables.

valaient à cette époque quarante-huit sous le mille, soit une amende de quatorze livres huit sous, plutôt que de faire le pèlerinage de Provence. La route de Lille à Utrecht & d'Utrecht à Lille était affez longue pour que le délinquant ait eu le temps de faire en marchant de salutaires réflexions, il aura compris que sa tentative de tromperie lui coûtait un peu cher, & qu'il était décidément plus profitable de refter honnête homme & loyal fabricant.

Pierre Dujardin, que le Magiftrat avait condamne affez sévèrement, on vient de le voir, ne paraît pas du refte avoir conservé rancune de cette sévérité ; nous lisons en effet dans les comptes de 1479 :

> A Jehan Daffonneville, serviteur de Pierre Dujardin, haute-liceur, pour son sallaire d'avoir tendu & paré de patrons de haute-lice, la chambre de derrière de la Halle, en laquelle souppèrent les eschevins jour & nuyt des jouftes (fête de l'Espinette) . . . . xii^s

Or, comme on ne trouve dans le même compte aucune somme allouée à Pierre Dujardin à propos du banquet annuel qui terminait les joûtes de l'Épinette, il faut conclure que c'eft à titre gracieux que Dujardin avait prêté ses tapifferies.

Dans le compte de 1480, la cérémonie de la preftation de serment du châtelain de Lille amène cette mention :

> A Jehan de la Nef, brouteur, pour son sallaire d'avoir amené en la halle de la dite ville plufieurs des *riches* patrons de haute-lice, desquels la dite Halle a efté tendue & parée par deux fois pour l'honneur de ce que M. d. S. de Saint-Pol y devoit venir faire le serment de chaftelain de Lille, pour les dites deux fois ou il a fait vi brouetées à xviii^d chacune. . . . . ix^s

En reproduisant les différents extraits qui précèdent, nous nous sommes demandé si le terme *patrons de haute-liſſe* devait s'entendre des tapiſſeries elles-mêmes ou bien des modèles d'après lesquels travaillaient les tapiſſiers. L'épithète *riches* accolée ici au mot *patrons*, le poids même de ces *patrons*, nous semblent indiquer qu'il s'agiſſait ici des tapisseries elles-mêmes; le fait du reſte eſt sans importance au point de vue de l'hiſtoire de la fabrication; les patrons tout auſſi bien que les tapiſſeries démontrant l'exiſtence floriſſante de cette induſtrie dans notre ville.

Avant la fin du ſiècle nous pouvons encore ſignaler le nom d'un autre artisan qui reparaît avec la déſignation de marcheteur. Il s'agit encore une fois des siéges des Eschevins :

A Jehan Sauvage, marcheteur, pour avoir fait xvi couffins de tapiſſerie armoyés des armes de la ville pour servir en la Halle.

xxxxiii[1] xii[s]

De toutes les citations que nous avons faites précédemment nous pouvons conclure avec certitude que M. Derode a fait erreur en disant : « Sous Maximilien les haut-liſſeurs d'Arras vinrent pour la première fois s'établir à Lille (1497)[1]. » Un siècle avant cette date, on l'a vu, la ville de Lille comptait des ouvriers de haute liſſe parmi ses bourgeois, & les citations que nous avons faites établiſſent surabondamment, non-seulement l'exercice de cette induſtrie, mais son plein et entier développement pendant le cours du XVe siècle.

(1) Histoire de Lille, 1er volume, page 352.

Il eſt très-poſſible, il eſt même probable que la prise d'Arras
par Louis XI, qui fut cause de la disparition à peu près complète, dans cette ville ravagée, de l'induſtrie célèbre qui pendant longtemps avait fait la gloire de la capitale de l'Artois,
ait eu pour résultat de faire affluer dans nos murs proteſteurs
les haut-liſſeurs de cette malheureuse cité. Ce qu'il y a de
certain c'eſt que les priviléges succeſſifs accordés par Maximilien aux sayetteurs lillois remontent à cette époque.

En effet, par ses lettres-patentes en date du 21 décembre
1480[1], Maximilien, duc de Bourgogne avait, après la perte
d'Arras, autorisé temporairement l'exercice à Lille *du ſil &*
meſtier de sayetterie jusqu'à ce que ladite ville d'Arras fût
revenue à son obéiſſance; mais sur les observations du Magistrat, qu'une induſtrie ne pouvait se conſtituer sérieusement dans
des conditions auſſi précaires, Maximilien, par de nouvelles
lettres en date du 25 mars 1481[2], confirma l'établiſſement défi-
nitif et sans condition, de cette industrie à Lille, réservant toutefois aux étrangers établis chez nous le droit de retourner à
Arras avec leurs métiers dans le cas où cette ville retomberait
en son pouvoir.

Du reste, des tentatives d'établiſſement à Lille avaient précédé la première autorisation de 1480; nous lisons en effet,
dans le compte de 1478 à 1479, l'article suivant qui indique
l'exiſtence d'une corporation de sayeteurs :

Aux compaignons sayeteurs commis à la xx[ne] & à l'office de la
sayetrie que par eschevins, leur a eſté ordonné pour estre et eulx

---

(1) Registre aux titres D E F , folio 30.
(2) Registre F , folio 174.

tenir en récréation ensemble avec les autres sayeteurs à présent résidans en icelle ville par recongnoiſſance de ce qu'ils ont eu & pris
grand soing paine et diligence de atraire plusieurs desdits sayeteurs
à venir résider en cette ville, & auſſy ont baillé en gros l'advertiſſe
ment des poins et articles pour faire les estatuts & ordonnances
d'icelle sayeterie selon ce que l'on se règle en la ville d'Arras pour
cette fois . . . . xii[1]

Et plus loin, dans le compte de la même année, cette mention non moins significative :

A Andrieu Celleghier, sayeteur, teinturier, foulon et tonreur [1]
de sayes au support des despens par luy soustenus en l'édification &
proviſion des huisines (usines) servans à faire les dis mestiers, foul-
lerie, tonroyrie & teinture des dites sayes, qui ont monté à grosses
sommes de deniers, pour considération de ce que sans avoir ayde, le
dit Andrieu ne pouvoit soy mettre sus pour faire iceux mestiers, &
ne s'en trouvoit apparent aucuns autres qui les seussent faire, & toutefois il estoit très-néceſſaire d'en avoir, ou aultrement le dit mestier
qui se met très-fort sus, estoit en adventure de tourner à rompture
pour ce . . . . xx[1]

Ce curieux article nous révèle le nom de l'artisan auquel la
ville dut la création de l'induſtrie qui devait prendre chez nous
un ſi énorme développement, car c'eſt par centaines de mille
que les pièces d'étoffes de sayetterie furent bientôt fabriquées
dans la ville de Lille.

Vers la même époque, en 1495, les bourgetteurs, qui jusque
là avaient fait partie de la corporation des tisserands de toiles,

---

(1) Tondeur.

obtinrent du Magiſtrat des ſtatuts particuliers. Cette séparation était juſtifiée par le développement de leur induſtrie ;
mais comme les étoffes fabriquées par ces derniers se rappro-
chaient beaucoup de celles qui faisaient la spécialité des sayetteurs, il y eut pendant plus de deux cents ans une suite non
interrompue de procès entre les deux corporations qui, dans
la seconde moitié du XVIII° siècle, se fondirent enfin en une
seule. Voici, d'après les titres primitifs, les noms des étoffes
dont la fabrication était exclusive à chacune de ces córpora-
tions : [1]

Les saietteurs et non autres pourront faire saies, ostades, demi-
ostades, rayés, buiges d'orghes et pièces de purene sayette, tissues
en forme de chambgeants des couleurs blanches et bleues à part soye.

Les bourgetteurs et nuls autres feront toutes sortes & manières
d'ouvrages à la tire, haute et baſſe liſſe ou au pied, ouvrages plats
(unis) ou figurés, soit de fil d'or ou d'argent, fil de soie, saiette, lin,
chanvre et coton, poil ou lin, et de toutes sortes d'estoffes melées ou
à part soye, d'une ou plusieurs couleurs, soit velours, demi-velours,
demi-velours figuré ou non, taffetas velourté ou sans velourté, satin
de soye, satin de Bruge, satin brouché, bourette, chambgeants, gros
grains, demy-soye, demie saiette, buſtennes, fuſtennes, eschelettes,
nœuds d'amour, cordelières, quetifs, quennevaches, semalques &
autres de leur ſtil.

On remarque dans cette énumération des étoffes réservées
aux bourgetteurs, les ouvrages de haute et baſſe-liſſe, *ou au
pied*. Ne serait-ce pas là l'explication du terme de marcheteur dont nous n'avons trouvé nulle part la signification ? Les
spécialistes apprécieront.

_____

(1) Réglement de 1544.

Cette double induftrie de la sayetterie et de la bourgetterie, d'abord concentrée presqu'exclufivement dans la ville de Lille, s'étendit peu à peu, malgré les protestations des Lillois, dans toute la châtellenie, et après avoir disparu entièrement de notre ville qui fut son berceau , finit par faire, des bourgs de Tourcoing et de Roubaix, deux des principales villes industrielles de la France.

LES

TAPISSERIES DE HAUTE-LISSE.

III.

SEIZIÈME SIÈCLE.

Domination de la Maison d'Autriche. — Tapifferie aux armes impériales. — Ordonnance de Marie, gouvernante des Pays-Bas, sur la fabrication, — Lifte des tapiffiers lillois au XVIe fiècle. — Ordonnance de Charles-Quint, de 1544. — Analyse de cette ordonnance. — Quelques tapifferies célèbres fabriquées en Flandre pour l'empereur. — Ruine de l'induftrie sous Philippe II.

En 1453, nous l'avons dit, le Magiftrat avait fait décorer la grande salle de la halle échevinale, d'une tapifferie où étaient tissues les armes de France et de Bourgogne ; mais par le mariage de la dernière héritière de cette maison avec Maximilien, la ville ainfi que le comté de Flandre étant passés sous la domination de la Maison d'Autriche, on voulut, pour recevoir dignement le petit-fils de Maximilien, le futur Charles-

Quint empereur, remplacer cette tapifferie ancienne, et en
1512 les comptes relatent en ces termes la dépense occa-
sionnée par cette nouvelle tenture :

A Jan Faussart tapiffier, pour avoir fait et livré pour la dite ville
iiii^{xx} iii aulnes trois quarts & le quart d'un quart de tapifferie nouvelle servans à mettre au deffus les siéges en la chambre d'eschevins,
en laquelle tapifferie sont armoyés les armes du Roi de France, de
de M. T. Redoubté Seigneur & Prince l'archiduc d'Autrice et les
armes du comte de Saint-Pol, par marchiet fait au dit Fauffart à
xxxvi^s chacune aune . . . . .cl^l xvi^{s}iii^d

A la veuve Miquiel Desbuiffons, pour xvi canons d'or de Chippre [1]
qu'elle a vendus et livrés au pris de xvi^s chascun canon qui ont été
employés en la dite tapifferie . . . . xii^l xvi^s

Mais les fleurs de lis d'or de l'écu de France ne devaient
pas briller longtemps au centre de notre tenture. Dès 1521,
quatre ans avant le traité de Madrid qui délia la Flandre de
sa vaffalité à la couronne de France, Charles-Quint, par ses
lettres datées de Gand le 2 janvier s'était déclaré affranchi
de son hommage à la couronne de France, & avait décrété
que tous les appels reffortiffans du Parlement de Paris seraient
portés au grand conseil de Malines.

---

(1) Les étoffes tissues de fil d'or firent de très-bonne heure la réputation commerciale
de Chypre et les broderies en fil de soie recouvert de fil d'or, l'or de Chypre, la maintin-
rent longtemps. Ce fil d'or fut importé en Europe et employé dans les broderies ; sa
vogue créa la contrefaçon, et c'est à Gênes surtout qu'elle se développa ; mais là comme
partout où ces fils furent imités, ils conservèrent le nom de fil d'or de Chypre, sans y
avoir aucun droit. (De Laborde, glossaire, page 410.)

Le Magiftrat ne pouvait qu'obéir, & en 1524 il paya :

A Hues de Respin paintre, pour avoir fait ung patron des armes impériales pour sur ce renouveller le drap estant en la chambre d'eschevins au lieu des armes de France que par ordonnance d'eschevins ont été ordonnés estre ostées du dit drap pour y mettre et boutter les dites armes impériales . . . . .ıx^{l}xıı^s

A Gabriel Sauvaige, tapiffier, pour par marchiet fait avoir fait un nouveau drap de tapifferie des armes impériales en la chambre des eschevins pour mettre et poser au lieu des armes de France . xx^l

Nous verrons après un siècle et demi les armes de France reprendre leur place sur les tentures officielles & y remplacer celles de la maison d'Autriche.

Mais nous sommes entrés dans la période brillante de la Renaissance. Les peintres flamands qui, au début du XIVe siècle, avaient été les initiateurs de la peinture à l'huile, vont à leur tour étudier en Italie dans les célèbres écoles de Florence, de Venise & de Rome, & rapportent dans les Flandres le goût des grandes compofitions décoratives. Bernard Van Orley qui avait été admis parmi les disciples de Raphaël, compose à son retour dans son pays de nombreux cartons de tapiffe- ries. Succeffivement peintre officiel de Marguerite d'Autriche, puis de Marie de Hongrie, gouvernantes des Pays-Bas, c'eft sous son influence sans nul doute que Marie édicta en 1538 la première ordonnance, émanée de l'autorité souveraine, pour réglementer la fabrication des tapifferies laissée jusque là sous la surveillance des corporations et des magistratures locales.

Voici, d'après le regiſtre aux mandements[1], la lettre d'envoi qui accompagnait l'ordonnance de Marie, sœur de Charles-Quint. Elle avait pour but de punir une tromperie des marchands de tapiſſeries ; la mauvaise foi commerciale n'est pas d'invention moderne :

A nos très-cher & bien-aimé Gouverneur de Lille, Douay & Orchies ou ses lieutenants aux dits lieux :

Très-chier et bien-aimé. — Pour remédier aux abus quy se sont comis au faict des tapiſſeries, nous avons fait expédier certaines lettres de placcard, lesquelles vous envoyons vous ordonnant que incontinent et sans délay les faites publier et très étroictement commandéz aux officiers & gens de loy des lieux de les faire observer & entretenir, procédant contre les trangresseurs par exécution rigoureuse des paines apposées, sans faveur ni simulation & qu'il n'y ait faulte.

Bruxelles, le 5ᵉ jour de mars 1538.

Signé : MARIE.

Et plus bas :   Vereyken.

A cette notification publique était jointe une lettre secrète dont voici la teneur :

Combien que nous ayons ordonné faire publier certain placcard advisé pour remédier aux abus qui se sont comis au ſtil & négociations des tapiſſeries, toutefois pour éviter schandalle, voyant que l'effeſt du dit placcard concerne seulement les marchands tapiſſiers & aultres qui se melent du dit ſtil, notre intention eſt que la dite publication se fache seulement aux marchands & ceulx du dit meſ-

---

(1) Registre G., Nᵒ 54.

tier des tapifferies, eux collégialement convoquiés vers les officiers
& gens de loy des lieux ou en tel autre lieu ou ils ont accouftumés à
tenir leurs affemblées, dont vous advisons pour selon ce vous régler.

MARIE.

Voici enfin le texte du placard pour lequel on voulait éviter
le scandale d'une trop grande publicité, en raifon des fraudes
qu'il dévoilait & qu'il avait pour but de réprimer :

De par l'Empereur,

Comme il soit venu à noftre cognoiffance que depuis certains
temps encha plufieurs grands frauldes se sont couvertement au
desceu de nous & de nos officiers commis & se commettent journellement au ftil & négociation des tapifferies quy se font en nos pays
de par de çà & esquelles l'on a usé de pointures & aultres parures
advantageuses au proufiçt particulier des marchands & ouvriers qui
s'en sont entremis, à quoy eft très-nécessaire & entendons pourvoir &
donner ordre selon lequel l'on se aura à conduire à l'advenir au faiçt
des dites tapifferies, afin que la négociation d'icelle *de sy grande
valleur & eftime* puiffe avoir son cours & ne soit rebouté, qui redon-
derait au très-grand détriment & dommaige de nos pays & subjeçts
de par de çà ; pour ce eft-il que nous, ce confidéré & y veuillant
obvier, nous mandons & commettons par ces présentes que incontinent & sans délay vous faiçtes publier par toutes les villes & lieux
de voftre juridiçtion ou l'on use du dit ftil de tapifferies, & de par
nous très-expreffément commander & deffendre aux maiftres, marchands, ouvriers & ceulx du meftier de tapiffier, que doresnavant &
jusques aultrement en sera par nous ordonné, ils ne s'avancent
*accoutrer, parer, farder ou ayder leurs tapifferies de quelques couleurs
ou subftances de poincture que ce soit, & n'y coulourent chose quy ne soit
tiffue & ouvrée au fond de la tapifferie, fors aux visaiges & aultres
membres nuds,* & ce par subftance permise, sous peine de confiscations

6

des pièces faiêtes contre ceſte noſtre présente ordonnance & d'eſtre
chargiés & pugnis arbitrairement.

Et à l'entretennement d'icelle noſtre ordonnance procédez & faites
procéder contre les transgreſſeurs par rigoureuse exécution de la dite
paine, sans grâce, faveur, ſimulation ou déport de ce faire, vous
donnons plein pooir, autorité & mandement espécial par ces présentes,
par lesquelles mandons & ordonnons à tous nos juſticiers, officiers &
subjeêts cui se regardera que à vous le fesant ils obéiſſent & entendent
diligamment. — Car ainſi nous plaît-il.

Donné en noſtre ville de Bruxelles, le 4ᵉ jour de mars, l'an м xvᵉ
trente huit. Ainſi soubscript par l'empereur en son conseil &

Signé VEREYKEN.

Le trucage, on le voit, n'eſt pas une invention moderne. Au
XVIᵉ ſiècle des *malins* avaient trouvé commode & lucratif
d'imiter, au moyen de procédés de peinture, le travail délicat
de la navette, & de réaliser par ce moyen audacieux de faciles
bénéfices ; il y a pourtant dans cette ordonnance un aveu à
recueillir : l'autorité autorisait pour *les visages & membres nus*
les retouches de peinture au moyen de certains ingrédiens.
Cette tolérance s'explique facilement ; à cette époque, les
tapiſſiers n'avaient à leur dispoſition qu'un nombre aſſez reſ-
treint de couleurs franches & solides, & il manquait à leur
palette toutes les teintes rompues, toutes les nuances inter-
médiaires, conquêtes succeſſives que la chimie donna peu à
peu à la teinture & dont les ateliers des Gobelins introdui-
ſirent plus tard l'emploi dans leurs ateliers.

Les tapiſſiers du Moyen-Age & de la Renaiſſance, pour traduire les effets d'ombre & de lumière, avaient trouvé un
moyen qui conſiſtait à nuancer les teintes franches par l'emploi

de hachures parallèles, & ils arrivaient par ce procédé à de merveilleux effets décoratifs. Comme l'a fait judicieusement remarquer M. Darcel [1], les artisans de la Renaiffance avaient par inftinâ appliqué, finon découvert, la théorie des couleurs complémentaires, & l'on peut étudier cet emploi intelligent des hachures sur les belles tapifferies anciennes qui nous reftent,

Ce procédé confiftait, comme nous l'avons dit, à nuancer les demi-teintes par l'interpofition de laines de teintes franches de couleurs différentes, il était parfait pour les draperies, pour les fonds, pour les acceffoires, mais d'un usage bien plus difficile, finon impoffible, pour les figures qui se tiffaient d'une laine claire d'une teinte uniforme & sur lesquelles les traits & les contours se deffinaient au moyen de laines & de soies foncées. De là sans doute l'autorisation accordée d'imiter à l'aide de couleurs employées sèches, les hachures qui relevaient la coloration des figures & des membres nus, hachures que l'on ne pouvait à cette époque exécuter par le tiffage, la teinture n'ayant point encore livré aux tapiffiers les laines néceffaires à ce travail particulier.

Nous verrons plus tard Charles-Quint renouveller les mêmes prescriptions & avec plus de détails, dans sa célèbre ordonnance sur le ftil & métier des tapifferies.

Du refte, selon nous, malgré certaines imperfeâions pratiques que ne pouvaient vaincre les ouvriers de la Renaiffance, beaucoup des œuvres sorties de leurs mains sont artiftique-

---

(1) *Gazette des Beaux-Arts*, 14ᵉ volume, folio 82.

ment supérieures à beaucoup de tapifferies récentes, malgré
toute; les reffources nouvelles que la mécanique & la chimie ont
apportées à cette induftrie. Cela tient à ce que, se méprenant
sur le but à atteindre, on s'eft engagé dans une fauffe voie. La
tapifferie eft un art décoratif par excellence, & non un art
d'imitation ; les peintres célèbres qui compofaient au XVIᵉ fiècle
les cartons deftinés à être reproduits en tentures, peignaient
des modèles spéciaux & ne donnaient pas des tableaux à
copier ; de leur côté, les artiftes tapiffiers, rompus à la pratique
savante de leur art, n'avaient point l'absurde prétention de
chercher le trompe-l'œil & d'imiter l'effet des peintures à
l'huile.

M. Lacordaire, dans l'introduction de la notice intéreffante
qu'il a publiée sur la manufacture des Gobelins, appelle
l'époque de la Renaiffance l'époque de la tapifferie induftrielle,
& réserve pour la fabrication inaugurée aux Gobelins en 1662
le titre de fabrication artiftique. Sans déprécier en aucune
façon les merveilleux résultats obtenus depuis cette époque,
nous serions tenté de prendre, quant à nous, le contre-pied
de cette appréciation. Pendant toute la durée du dix-huitième
fiècle, le livre de M. Lacordaire en fait foi, il y eut lutte conti-
nuelle entre les peintres dont on reproduisait les œuvres &
les ouvriers chargés de les traduire en tapifferies ; ceux-ci
demandaient avec raison, mais en vain, que les peintres qui
ne voulaient pas modifier leur palette, n'employaffent pour
peindre leur patrons que des couleurs de grand teint ; les
peintres maintenaient leur syftème fâcheux, & l'on dépensa
beaucoup de talent & d'argent pour ne produire le plus souvent que des copies de tableaux forcément imparfaites, au lieu

de se borner à perfe&ionner un genre de fabrication qui offrait pourtant pour modèles de fi merveilleux spécimens.

Mais revenons à l'ordonnance de Marie, gouvernante des Pays-Bas. Conformément aux prescriptions de la lettre secrète, le Magiftrat se hâta de convoquer les artisans qu'elle concernait, & voici le procès-verbal de cette réunion :

En suyvant certaines lettres closes de la Royne régente publiée en la halle de Lille, préfens en corps de loy les mayeur & eschevins de la dite ville, à ce convocquiés les tapiffiers d'icette ville et à quoy faire sont comparus & eftoient préfens plufieurs des dits tapiffiers, tels que :

Jacques Meurille	Alard Herselin
Jehan Malatire	Jacques Carpentier
Pierre Clincquemeure	Allard Escailler
Jehan Leclercq	Grard Escailler, son fils
Gilles Duhamel	Hector Bellemend
Pierre Herselin	Jacques Lesage
Jehan Sirou	Pasquet d'Estaires
Pierre Tesart	& Pierre Thibaut

lesquels ont dit qu'ils n'y avoient aucun marchand tapiffier en la ville de Lille ains vendoient leurs ouvrages en la ville d'Anvers, & s'y ne y ont comparu tant par maladie que pour être allés hors de la dite ville.

Pierre de Weple dit Potier[1]	Bonaventure Hamel
Jehan Carpentier	Jacques Herselin
Corn . . . ? Clerebaut	Cornille Rcuverit

aussi tapiffiers de la dite ville ja fut-il qu'ils y eussent été convoquiés.

---

(1) Natif de Tournai, dit le Registre aux Bourgeois; année 1534, registre 3, folio 151, v°.

Fait le samedi 15ᵉ jour de mars 1538, en la présence et par l'ordonnance de Antoine de Baulaincourt, lieutenant de M. S. le gouverneur de Lille, par moi

A. CUVILLON.

Voilà donc un acte authentique qui établit qu'en 1538 la
ville de Lille comptait vingt-six maîtres tapissiers & qui nous
donne le nom de ces vingt-six artisans. Nous ne possédons
malheureusement pas dans nos archives le livre de métier
de cette corporation importante.

On remarquera la déclaration qu'il n'existe aucun marchand tapissier dans cette ville. Selon les fabricants consultés,
les marchands étaient les seuls auteurs des fraudes que l'ordonnance avait pour but de réprimer; ils ajoutent que c'est
aux marchands d'Anvers qu'ils vendaient les produits de leur
fabrication.

Anvers était, en effet, d'après le rapport de M. Fétis dont
nous avons parlé plus haut, l'entrepôt général des tapisseries
fabriquées dans les Flandres; les riches marchands de cette
ville avaient fait construire de vastes galeries où les tapisseries
des diverses provenances étaient exposées, et c'est là que les
marchands étrangers venaient les choisir et les acheter pour
les expédier dans les différentes contrées de l'Europe &, à cette
époque, principalement en Espagne[1]. Quelques années plus
tard, en 1560, les fabricants de Bruxelles se plaignirent même

---

(1) Là (à Anvers) vous verrez le pand et halles des tapisseries avec tant de belles
inventions et merveilleux ouvrages, le pand et halles des peintures diversement inven-
tées et subtilement élaborées, celle de l'argenterie, etc. — Guiccardin, Plantin, 1582.

des marchands d'Anvers, qui démarquaient les tapifferies &
faisaient tisser la marque recherchée de Bruxelles sur des
tapifferies d'une qualité inférieure, ce qui devait nuire à la
réputation méritée de cette ville.

Les noms des nombreux tapiffiers lillois qui existent au bas
du procès-verbal que nous avons reproduit serviront peut-
être à faire restituer à notre fabrique locale quelques-unes des
tapifferies de cette époque qui ont survécu. Le nom du fabricant était ordinairement accompagné des armes de la ville de
Lille, une fleur de lys d'argent sur champ de gueules.

Quant aux peintres qui deffinaient les patrons des tentures
qui sortaient des nombreux ateliers de haute-liffe exiftant
alors à Lille, ils étaient nombreux dans notre ville, et on en
trouvera, dans le travail général que nous publierons inces-
samment, d'après les comptes de la ville, la lifte à peu près
complète. Nous ne citerons ici que les noms qui reparaiffent
le plus souvent du XIVe au XVIe siècle.

Pierre de Sainte-Katerine; Jehan Mannin, qui peignait *à ole*
dès 1383; Jehan Collebaut; Willaume Leidet, contemporains
de Van Eyck; Jehan de Potter, Jehan Desbonnets, Pietre
Van Malle, qui travaillèrent pour Philippe-le-Bon; Marquet
Tournemine & Thomas son fils, Henri Hennicot, Hues &
Wattier de Respin, Philippe Mescq & Philippe De Vincq, les
décorateurs de la Halle Echevinale. Mais la renommée de
ces peintres, célèbres à leur époque, s'eft éteinte dans le rayon-
nement des grands noms qui sont la gloire de l'école flamande,
et il faudrait chercher leurs œuvres dans cette foule de tableaux
encore anonymes qui peuplent les musées de l'Europe.

C'eft l'un de ces peintres sans nul doute qui fut l'auteur des

« six draps points servant à la chapelle où eſt contenue la vie
« de saint Sébaſtien [1]. »

Ces *draps points*, qui décoraient dans l'églife de Saint-
Maurice la chapelle des Confrères du *Gardin de l'arc à main,*
c'eſt-à-dire des membres du Serment des Archers, sous le
patronage de Saint-Sébaſtien, ne pouvaient être que des tapifferies de haute-liffe sortis de l'un des nombreux ateliers que
comptait alors la ville de Lille. Le même inventaire mentionne également un devant d'autel à l'*eswille,* c'eſt-à-dire une
œuvre de broderie.

Comme le dit l'ordonnance de la reine Marie, la fabrication des tapiffieries était pour les Flandres une fi grande
source de profit & de célébrité que Charles-Quint sentit
bientôt le besoin de réglementer cette fabrication d'une manière complète et définitive; & en 1544 parut une réglementation sous ce titre :

*Ordonnance ſtatut & édict sur le fait & conduyte du ſtil
& meſtier des tapiffiers*[2].

Nous allons analyser ce document après avoir reproduit
l'exposé des motifs et l'article premier.

Charles par la divine clémence Empereur, &c., &c. Comme nous
nous ayons fait deuement informer sur la conduite du stil mestier et
négociation de la tapifferie qui se fait journellement grand nombre en

---

(1) Archives départementales, fardes des paroisses, inventaire de la chapelle Saint-
Sébastien à Saint-Maurice en 1518.

(2) Ordonnantien Statuten Edicten onde Placcœrten, etc. Antwerpen by Hendrick
Aertssens, cIɔ Iɔc LXII.

nos pays de par de ça et que par icelles informations se soit trouvé que depuis certaines années en cha, les tapiſſiers et marchands de tapisserie cherchans plus leur singulier profiɛt et commodité que la perfeɛtion des ouvrages se soyent avanchés soubz umbre de luy donner lustre, d'y coulourer et paindre choses non faictes ou deument ouvrées au fond de la dite tapiſſerie. Nous considérans qu'icelle *œuvre de tapiſſerie est une des plus renommées et principales négociations des susdits pays* en laquelle, non plus qu'en aultre ne voulons avoir usé d'aulcune fraulde ou déception, ains donner ordre qu'il soit obvié à telz inconvénients tant pour le bien de nos pays que pour conservation de la dite négociation ; sçavoir faisons, qu'à meure délibération avons statué & par général édict ordonné & ordonnons ce qui sensuyt :

Premier. Par ce que divers abus se commettent au dit mestier procédant en partie par ce que le dit mestier stil et négociation se use en lieux non privilégiez tant dedans que hors franchises & ou aulcunes ordonnances ou règle ne se donne aux ouvriers & négociateurs, à l'occaſion de quoy les dits ouvriers et maiſtres besoignans en tels lieux non privilégés font faire & dreſſer leur ouvrage à leur bon sembler & volunté, donnant à leur dict ouvrage le nom & bruyt, eſtre de telle ville qu'ils veulent. Nous désirant obvier à tels abus et veuillant que doresenavant le dit mestier soit léallement et droictement exercé, avons ordonné et statué par cestes, que nul maistre, ouvrier n'y aultre quel qu'il soit, demeurans hors des villes de Lovain, Bruxelles, Anvers, Bruges, Audenaerde, Allost, Enguien, Byns, Ast, *Lille*, Tournay et aultres francs-lieux esquels sur le dit mestier y a ordonnance & pollice, ne pourront doresenavant user du dit mestier, ſtil & négociation, ne soit que telz maistres et négociateurs veuillans continuer le dit mestier & ſtil viennent préalablement déclarer aux doyen & jurés de la ville (soubz laquelle ils voudront dénommer leur ouvrage), qu'en ouvrant ils veulent ensuyvir leur manière de faire et d'ouvrer. Et qu'ils facent serment d'eulx régler en leur dict mestier & négociation suyvant l'ordonnance donnée ou à donner ausdits doyen et jurez : sous peine de confiscation de leur ouvrage, privation du dit mestier, stil & négociation & oultre plus de correction arbitraire.

Lille, on le voit, figure parmi les villes où la fabrication
de la tapifferie était principalement exercée ; elle était placée
sous la police du Magiftrat. Le jugement de 1476 a suffisamment établi la surveillance des échevins.

Nous allons continuer l'analyse de ce document, qu'il
faudrait reproduire in extenso fi nous écrivions une hiftoire
générale ou fi nous faisions un traité sur la matière ; mais notre
but eft plus modefte : nous apportons tout simplement quelques documents pour servir à cette œuvre difficile.

Les articles deux à dix-huit posent les conditions auxquelles
les francs-maîtres pourront s'établir dans les lieux privilégiés
cités à l'article premier ; ils établiffent les conditions de l'apprentiffage et énumèrent les devoirs des apprentis devant les
maîtres.

Les articles dix-neuf à vingt-six règlent les devoirs des
maîtres vis-à-vis de leurs apprentis.

Les articles vingt-sept à vingt-neuf fixent les droits à payer
pour l'admiffion à la maîtrise.

Les articles trente à quarante-cinq disent comment les
francs-maîtres *s'auront à conduire* en leur ouvrage. Ici quelques citations textuelles sont néceffaires à joindre à notre
analyse, pour toute la partie technique de l'ordonnance il
nous a paru préférable de donner le texte même. Un com-
mentaire n'est jamais qu'une traduction plus ou moins fidèle.

Article xxx.

Que tous francs maistres veuillants eslever et mettre sus le meftier
& négociations de tapifferie, seront tenus de prendre & eslire une
marque ou enseigne et de la présenter aux dits jurés pour estre mise

& registrée au livre quy se tiendra au dit meſtier à celle fin avec leur nom & surnom, laquelle marque & enseigne chacun maiſtre tiendra sa vie durant sans aulcunement altérer ou changer.

L'article trente-un déclare que tout tapiſſier peut faire tel ouvrage & à tel prix qu'il voudra.

L'article trente-deux impose l'obligation à celui qui veut faire de la tapiſſerie de la valeur de huit patars de Brabant de n'en point fabriquer à moindre prix.

Article xxxiii.

Que celuy qui fera ou voudra faire tapiſſerie du prix de vingt-quatre patars et au-deſſus sera tenu d'ourdir ou faire l'ourdiſſement suyvant ce que son ouvrage le requéra.

Article xxxiv.

La chaine se fera de filets de laine de Lion, d'Espagne, d'Arragon, de sayette ou de filets faict à la quenouille & de semblables bonnes eſtoffes.

Article xxxv.

Qu'en ouvrage du dit prix & au-deſſus, l'on ne pourra ouvrer d'estoffe de légère couleur noire, ains de bonne couleur de camp ou de moins de bon brun vert bouté en noir bien woudé et weddé.

Article xxxvi.

Semblablement ne s'ouvrera au dict ouvrage de sengle fillet avec soye, ni de contraire soye avec sengle fillet, ne pareillement fillet jaulne avec soye jaulne enveloppée.

Article xxxvii.

Qu'en susdict ouvrage ne se pourra ouvrer pour estoffe & entrai-
mure fillet de Lion de quelque couleur qu'il soit, ny fillet de laine
courte ou d'anvelin ou fillet bruslé en manière quelconque ; ains
fillet be bonne estoffe & laine comme d'Escosse, d'Irlande, &c.

Article xxxviii.

Qu'ès ouvrages du dit pris, les testes, nez, yeux, bouches de
personnages & semblables se profileront & ouvreront au fond de la
tapifferie.

L'article trente-neuf exige que l'ouvrage soit d'égale qualité dans toutes ses parties.

Article xl.

Le maistre ouvrier ne pourra faire ou faire faire une pièche d'ouvrage ou de tapis, par deux, trois, quatre ou plus de compagnons,
ouvrant chacun sa partie de telle pièche à part & séparement, & pour
tel ouvrage après estre joinct l'une pièche à l'aultre, comme s'il fust
esté fait sur une oustille, ne fut seulement le bord de telle tapifferie ;
sur paine de la tapifferie à appliquer au profict du dit seigneur.

Article xli.

Que le maistre ouvrier faisant telle tapifferie, ou la faisant faire,
sera tenu de faire ouvrer sur l'un des bouts ou au fond de la dite
tapifferie sa marque ou enseigne ; & auprès d'icelle telles enseignes
que la dite ville ordonnera : afin que par telles enseignes et marcq
soit cogneu que ce soit ouvrage de la dite ville & d'un tel maistre
ouvrier, & venant au priz de vingt & quatre pattars susdicts &
au-deffus.

Chez nous, nous l'avons dit, la marque obligatoire à tisser à côté du nom du fabricant était l'écuffon des armes de la ville de Lille.

Les articles quarante-deux & quarante-trois désignent les matières qui peuvent entrer dans les tapifferies en dessous de vingt-quatre patars jusqu'à huit patars l'aune.

L'article quarante-quatre concerne les tapifferies en-dessous de huit patars.

Nous ferons remarquer que, pour les tapisseries dont il eft queftion aux trois articles qui précèdent, la marque ne paraît pas obligatoire.

L'article quarante-cinq impose au maiftre l'obligation de faire faire la tapisserie dans la ville où il réside.

L'article quarante-six règle les fonctions & la manière de procéder des courtiers, auxquels il est interdit d'acheter pour leur compte.

L'article quarante-sept fait défense à l'ouvrier de livrer sa tapifferie avant qu'il n'ait payé les fils d'or, d'argent, de soye, ou de laine achetés à crédit, sous peine d'un pélerinage à Rome, rachetable par vingt-six carolus d'or.

L'article quarante-huit fait défense à tout franc-maiftre, apprenti ou peintre, de contrefaire les patrons d'un autre maître, sous peine d'amende.

L'article quarante-neuf dit que le lustre (appret) devra être donné dans la ville où la tapifferie aura été fabriquée.

L'article cinquante fixe les conditions imposées à ceux qui veulent exercer le métier de donner luftre aux tapifferies.

Article LI.

Que l'ouvrier appoinctant & donnant luftre à aulcune tapifferie en faisant son ouvrage & lustrissement ne pourra user d'aulcunes painctures, couleurs & estoffe fresque, sur quelque tapifferies que ce soit hors mises l'encre & la couleur de foulle graine, laquelle estoffe fresque s'usera seulement pour ayder à faire d'ausseurance & séparation des fruits, verdures, membres & semblables l'un de l'aultre, s'ils treuvent que l'ouvrage & tapifferie le require, & sans desdiâs couleurs povoir faire chose quy ne seroit ouvré au fondz de la diâe tapifferie & ouvrage.

Article LII.

Que les ouvriers appoincteurs ou donnant luftre à la tapifferie, pouront en appointant icelle user de blanche croye, terre rouge & noire ; pour aider & appoincter visages & membres nudz : ensemble de semblables couleurs ouvrez au fond de la tapifferie pourveu que des dites croye noire ou rouge terre, ils n'en facent couleur fresque, ains l'usent secques & qu'ilz ne facent chose qui ne soit faiâe & ouvrée ou fond & camp de la diâe tapifferie.

Ainfi, il résulte de ces deux articles que l'on autorisait l'emploi d'une seule couleur humide, le noir, & que son emploi devait se borner à accentuer le trait séparatif qui deffinait les contours ; c'eft un procédé employé parfois dans les peintures à fresque pour augmenter le relief. Quant aux couleurs à employer sèches, c'eft-à-dire en poudre, c'était une espèce de fard dont on retouchait les chairs & surtout les figures pour suppléer aux imperfeâions du tiffage.

Article LIII.

Parceque souventes fois se treuve que, ou par faulte des taindeurs ou des serviteurs ou ouvriers des maiftres du diâ meftier, les couleurs (soit bleu de pourpre, jaune, vert & semblables qui sont ouvrées en un ouvrage) ne sont fi bien appropriez comme bien debvroient & que tel ouvrage le requiert, au moyen de quoi, & combien l'eftoffe eft d'une valeur & bonté, la dite tapifferie se monftre de moindre eftime & valeur; pour en ce donner amendement, pourra (1) le maiftre-ouvrier appoincter & amender les dictes faultes en prenant fillet tainct en semblable couleur quy ne sera de couleur ferme & icelle jectant.

Les articles cinquante-quatre à cinquante-sept traitent de la vifitation des tapifferies avant le vente, & portent défense d'y exécuter aucun travail poftérieurement, sauf pour y ajouter les armoiries de l'acquéreur, s'il le demande.

Les articles cinquante-huit à cinquante-neuf imposent aux courtiers de Bruges & d'Anvers l'obligation de prêter le serment de faire respecter cette ordonnance, ainfi que de fournir caution suffisante, & fixent à quatre deniers de la livre de gros, le taux de leur courtage.

L'article soixante déclare qu'il sera néanmoins loifible de vendre les tapifferies sans l'intermédiaire des courtiers.

Les articles soixante-trois à quatre-vingt-trois sont relatifs à la conftitution & à la police des corporations.

Les articles quatre-vingt-quatre & quatre-vingt-cinq déclarent que les tapifferies faites en dehors des villes reprises à l'article 1er & où il exifte des corporations, ne pourront porter la marque de ces villes & que ces tapifferies ne pourront être vendues que dans les franches foires.

---

(1) Il y a dans l'ordonnance imprimée *pour* au lieu de *pourra*, c'est une erreur évidente, la phrase n'ayant aucun sens sans cette correction.

Les articles quatre-vingt-six & quatre-vingt-sept sont relatifs aux maîtres-ouvriers non francs & leur interdisent de
prendre des apprentis.

Article LXXXVIII.

Que nul, quel qu'il soit, ne se présumera de contrefaire, falfifier,
de faire ou enfaffer la marque d'un autre sur la paine & fourfaicture
de la main d'extre & de jamais povoir user du dict meftier.

La subftitution fréquente d'une marque à une autre sur des
tapifferies d'une valeur inférieure, auxquelles des marchands
peu scrupuleux donnaient ainfi et frauduleusement le cachet,
l'eftampille des fabricants les plus renommés, au grand
détriment de ceux-ci, explique la sévérité de cet article qui
puniffait de la perte de la main droite les tromperies de ce
genre.

L'article quatre-vingt-neuf déclare que certains détails
réglementaires sont laiffés aux magiftrats des villes où réfident
les corporations.

Enfin, l'article quatre-vingt-dix ordonne la publication de
l'ordonnance.

Voilà l'analyse sommaire de ce réglement remarquable.
Il fut au XVIe fiècle le véritable code de la fabrication qui
a laiffé de fi précieux spécimens. Le musée de Lille poffède de
cette belle époque une grande tapifferie, qui, selon nous, doit
avoir été faite d'après un patron de Van Orley & qui représente
Efther & Affuerus. Les couleurs ont paffé, mais la compofition
& le deffin sont magnifiques; le tableau eft encadrée par une
plantureuse guirlande de fleurs & de fruits. Malheureusement
les lifières ont été coupées & avec elles ont disparu les marques
qui nous euffent permis, conformément à l'ordonnance

de Charles-Quint, de connaître l'auteur de ce remarquable spécimen des tapifferies flamandes de la Renaiffance.

Lille, on l'a vu, figure nominativement dans l'ordonnance impériale au nombre des villes dans lesquelles l'induftrie de la tapifferie était autorisée. Lille à cette époque tenait avec Anvers & Amfterdam le premier rang parmi les villes commerciales des Pays-Bas. Nous pouvons invoquer à l'appui de cette affirmation le témoignage de Guiccardin, gentilhomme Florentin qui publia en 1567, à Anvers, une description des Pays-Bas [1]).

Voici les termes d'une traduction comtemporaine : « C'eft une belle & riche ville & bien bâtie & peuplée où se tient bon nombre de nobleffe & plus encore de marchands qui font grand trafic de diverses choses, y a encore des artisans fort ingénieux de manière, que pour le trafic des marchandises, & les mestiers exercés en Lille, on la tient pour la principale après Anvers & Amfterdam, entre toutes les villes des Pays--Bas sujets au roy catholique [1]. »

Puisque nous avons invoqué le témoignage de cet auteur, nous mentionnerons encore, que, dans la longue énumération des peintres flamands anciens & modernes, il cite Pierre Couck, d'Aloft, « bon paintre & subtil inventeur & traceur de patrons pour faire tapifferie & auquel on attribue l'honneur d'avoir porté par de cà la maîtrise & vraye praĉtique d'architeĉture & qui outre cà a traduit les œuvres infignes de Sebaftien

---

(1) Talche per la mercatura et per le arti che vi si esercitano questa dipoi Anversa Amsterdam si tiene per la principal' terra mercantile di questi paesi bassi. — Louis Guiccardin, édition originale de 1567.

Serlio, Bolonais, en langue teutone en quoy on tient qu'il a fait un grand bien & service à sa patrie. »

Revenons à Lille : Les tapiſſeries étaient alors tellement répandues que le Magiſtrat, lors de l'entrée du prince d'Espagne, le futur Philippe II, ordonna, par un arrêté transcrit au regiſtre des bancs de police (année 1549), que tous les habitants des rues des Malades & de la Cordewanerie, & depuis le Touquet (l'angle) de celle-ci jusqu'à l'hôtel de l'Empereur, tendiſſent le devant de leurs maisons de pièces de tapiſſeries. D'après le récit d'un témoin occulaire, cette prescription fut rigoureusement observée.

Quant à Arras qui avait été au Moyen-Age le véritable centre de cette induſtrie, l'ordonnance de Charles-Quint ne la mentionne pas. Ceci confirme pleinement l'opinion des auteurs, qui affirment que la prise de la ville par Louis XI avait preſque complètement anéanti la fabrication. Ce qui a contribué à maintenir l'opinion contraire, c'eſt l'attribution, faite à tort aux fabriques de cette ville, des tapiſſeries célèbres tiſſées poſtérieurement, d'après les compositions de Raphaël. Le nom *Arazzi*, conservé en Italie pour déſigner toutes les tapiſſeries, a causé l'erreur. Le livre de M. Pinchart, nous ne le mettons pas en doute, nous donnera l'hiſtoire authentique de ces tapiſſeries renommées qui sont sorties des ateliers de Bruxelles [1].

---

(1) C'est Bernard Van Orley qui a fait exécuter toutes les tapisseries que les papes, les empereurs et les rois faisaient faire en Flandre d'après les dessins d'Italie. Felibien, Entretien sur la vie et les ouvrages des plus excellents peintres, T. I, page 552.

Revenons à notre sujet. Charles-Quint ne se contenta pas de réglementer la fabrication des tapifferies, il encouragea cette induftrie par des commandes importantes dont nos archives départementales nous ont conservé le souvenir. Bien qu'ils soient étrangers à notre fabrication locale, nous croyons devoir mentionner quelques documents relatifs à ces commandes princières.

Le premier eft une lettre de l'Empereur, datée de l'année même de l'ordonnance que nous avons analysée ; la voici [1] :

Charles à nos amis et feaulx, les chiefs, trésorier général & commis, sur le fait de nos domaines & finances, salut & dilection.

Comme pour notre service avons fait acheter de Jehan Dermoyen, marchand, demourant en notre ville de Bruxelles, le xiii° jour d'oĉtobre dernier paffé, huit pièces de tapifferies d'or, d'argent & de soye, de l'hiftoire de Joffué, pour lesquelles a efté convenu avecq lui par aucuns nos officiers & par notre ordonnance à la somme de dix mille livres de xl gros, monnaie de Flandre & en eftre payé par les mains de notre amé & feal conseiller trésorier de notre ordre & receveur général de noftre finance Henri Sterke ou d'autre notre receveur général a venir & des deniers de sa recette affavoir : deux mille cinq cents livres promptement & comptant et les aultres, viim v° livres, en trois années à venir, dont la 1re escherra le 8e jour d'oĉtobre 1545 prouchain, venant & desla en avant d'an en an, ces dits trois ans durant &c. &c.

La seconde commande faite par Charles-Quint à l'induftrie flamande paraît plus importante encore ; voici ce que dit un inventaire des archives antérieur à la révolution :

---

(1) Carton 704, archives départementales.

Carton de l'année 1554 :

Ordonnance de Marie, sœur de Charles-Quint, gouvernante des Pays-Bas, qui nomme Pierre Brisot trésorier, Robert de Boulogne receveur général des finances & le contrôleur des dépenses de l'hôtel, pour entendre les comptes que Simon de Parenty [1] rendra des sommes qu'il a payées pour la fabrication de douze pièces de tapisseries, contenant l'expédition & la conquête du royaume de Tunis par l'empereur Charles Cinq. Original en parchemin, figné Marie & plus bas Overloepe.

Nous avons vainement cherché cette pièce dans les cartons. Vainement auffi avons-nous lu les comptes des années 1554 à 1556, dans l'espoir de voir figurer une mention relative au paiement de cette tapifferie, mention qui nous eut appris, & le nom du fabricant et la somme payée, nos recherches ont été infruftueuses ; ce que nous savons, c'eft que ces tapifferies de la conquête de Tunis furent transportées en Espagne, & que poftérieurement elles étaient tendues devant le Palais de Madrid aux époques des fêtes publiques.

Après avoir fouillé les riches dépôts d'archives, que renferment les Flandres, pour écrire l'histoire de la fabrication ; c'eft à Madrid qu'il faudrait aller étudier le côté artiftique de cette fabrication, car c'eft là où se sont amoncelées et où ont survécu en plus grande quantité les merveilles de cette industrie, & cela s'explique tout naturellement par le fait hiftorique qui réunît les provinces de par de çà, comme on appelait les Flandres, à la monarchie espagnole.

(1) Simon de Parenty était alors adjoint au gardien général des tapisseries.

D'après M. Alfred Michiels, le savant hiftorien de la peinture flamande, les greniers des palais royaux de Madrid possèdent des tapifferies anciennes en telle quantité que l'on en couvrirait la route de Madrid à l'Escurial, c'eft-à-dire une bande de dix lieux de long, et il cite parmi ces richeffes accumulées, des tapifferies tiffées sur des deffins du célèbre Rogier Vander Weyden; entre autres une série de tableaux symbolifant les Vertus, une série représentant les Péchés Capitaux, & huit morceaux non moins précieux et d'une exécution admirable retraçant les finiftres Vifions de l'Apocalypse [1].

Dans le même ordre d'idée nous ajouterons encore qu'un manuscrit de la bibliothèque de la ville de Lille [2] nous a fourni certains renseignements curieux sur des patrons exécutés par quelques peintres flamands pour être traduits en tapifferie.

Le manufcrit en queftion eft l'œuvre originale de Isaac Bullart, que son fils publia en 1682 en 3 vol. in-folio sous ce titre : *l'Académie des Sciences & des Arts* ; mais en l'éditant, le fils a réduit confidérablement l'œuvre affez curieuse de son père, & nous croyons bien faire en reproduifant d'après le manufcrit original ce qui a trait aux célèbres tapifferies de Flandre à la brillante époque du XVIe fiècle.

Nous avons déjà signalé, d'après Guiccardin, Pierre Couck d'Alost, comme deffinateur de patrons de tapifferies.

---

(1) Dans une note du 3e vol. de son ouvrage, M. Michiels publie une lettre (datée de 1866) de M. Al. Vandenpeerboom, Ministre de l'intérieur en Belgique, qui lui annonce que S. M. le roi Don Francisco a pris sous ses auspices la publication d'une collection de photographies qui doivent reproduire les plus célèbres tapisseries appartenant à la couronne d'Espagne. — Cette publication a-t-elle été commencée ?

(2) 326 du Catalogue de M. Leglay.

Voici ce qu'en dit Bullart :

De retour d'Italie, il fut persuadé par des marchands tapissiers d'aller avec eux en Turquie pour y faire les deffins de quelque pièce qu'ils prétendoient faire pour le grand Seigneur ; mais ce voyage fut inutile d'autant que la loy de Mahomed déffend les images ; cependant il y prit occasion de deffiner la ville de Conftantinople & aucuns lieux de plaisance, & mit en lumière sept très-belles pièces gravées en bois.

A l'article consacré à Bernard Van Orley, le même auteur écrit :

..... Il fut en telle eftime auprès de l'empereur Charles V, qu'il le retint à penfion, il fit pour le dit empereur ces belles & admirables pièces de chasse ou il représente la foreft de Soigne & les lieux de plaisance d'alentour de Bruxelles, avec les portraits de l'empereur & de plufieurs princes & princeffes au naturel & en diverses actions ; cès pièces furent réduites & travaillées en tapifferies de haute-liche de fort grand prix & manifeftent que Bernard avoit des deffins bien formés & soigneusement élabourés ; il a fait encore pour l'empereur & la duchefle Marguerite de Parme, divers autres beaux & rares deffins pour tapifferies, Philippe second en a fait transporter une grande quantité en Espagne ou elles servent encore de fingulier ornement à ses palais.

Le prince d'Orange, Maurice de Naffau, a recouvert de son temps dix beaux deffins ou patrons pour faire tapifferies, représentant chaque pièce un prince ou princeffe de la famille de Naffau, à cheval, qui ont été eftimés fi rares que ce prince les a fait copier à l'huile par Jean Jordan (1) renommé peintre d'Anvers, la date de ces pièces témoigne qu'il y a cent ans que Bernard y a travaillé.

---

(1) Ne pas confondre avec Jacques Jordaens, qui, en 1652, peignit à La Haye le *Triomphe des Nassau*.

Voici ce qu'il dit de Michel Coxien :

Il fit diverses grandes & rares pièces, entre autres l'hiftoire de
Cadmus, qui ont servi de patrons à ces belles & riches tapifferies
qu'on voit encore à l'Escurial, & l'on peut dire que Coxie a donné par
ces pièces autant d'ornement & de réputation a cet excellent art de
tapifferie qu'à son pinceau.

A propos de Henri Vroom, de Haarlem :

Il surpaffa tous les peintres de marine de son temps, ce qui donna
occafion à un renommé maître tapiffier, nommé François Speering,
de le rechercher pour faire les deffins de la bataille navale que Thomas
Hauward, admiral d'Angleterre, avec les secours des Hollandais,
gagna l'an 1588, sur la flotte & armée espagnole, laquelle a surpaffé
tout ce qui a jamais paru aux fiècles précédents sur l'océan, soit en
sorte, grandeur & diverfité de navires, frégates, brulots. Vrom def-
figna ce combat en dix grandes pièces, chacune de celle représentant
fort judicieusement & avec une belle variété ce qui s'était paffé dix
jours de suite que ce sanglant conflit avait duré, la diverfité des atta-
ques & des déffenses, le foudroiement des canons & des feux d'arti-
fice, le brisement des mâts & des navires qui s'enfoncent ou brus-
lent, & quantité de personnes en diverses actions & postures qui
tachent de se sauver à la nage ou sur quelques aix du débris, fait voir
que cet homme n'a rien ignoré de ce qui était requis pour rendre une
œuvre semblable & accomplie.

Sur ces excellents deffeins de Vroom sont faites ces belles & magnifiques tapifferies qu'on voit encore à Londres, & Vroom se trouvant
un jour au palais du dit admiral pour les voir, ce libéral seigneur
eftant informé qu'il en avait fait le deffin, lui fit un présent de cent
livres fterling.

Nous nous sommes laiffé entraîner, en faisant ces citations, hors du cadre modefte que nous nous étions tracé.

Afin que les documents nombreux que nous avons recueillis aux archives générales du département sur les tapifferies de Flandre ne soient pas perdus pour l'histoire générale, nous les reproduisons, par ordre chronologique, dans un appendice spécial à la fin de ce volume. On y verra se succéder les noms des artisans les plus fameux qui ont exercé dans les Flandres l'induftrie artiftique de la haute-lisse.

Sous le règne de Philippe II, les guerres de religion, la misère qui en fut la suite, portèrent un coup terrible à cette induftrie de luxe qui, dans notre ville du moins, paraît s'être éteinte pour un moment, & ce n'eft que plus tard, sous la domination des archiducs Albert et Isabelle, que nous verrons la fabrication renaître & prospérer de nouveau dans nos murs.

LES

TAPISSERIES DE HAUTE-LISSE.

IV

DIX-SEPTIÈME SIÈCLE.

Albert & Isabelle. — Renaiſſance de l'induſtrie. — Établiſſement à Lille de Van Quilkelberghe, d'Audenarde. — De Jaspart Van Caeneghem. — Les tapiſſeries flamandes. — Tapiſſeries sur les deſſins de Rubens & de Corneille Schut.

Nous l'avons dit à la fin du dernier chapitre, sous le règne d'Albert et d'Isabelle, une fois la paix assurée, les Flandres virent renaître leur prospérité, & l'induſtrie, après la longue crise qui l'avait entravée, reprit une prodigieuse activité. Les comptes de la ville enregistrent pour l'année 1599 à 1600 au chapitre des fermes de la ville, une fabrication d'étoffes diverses dont le chiffre dépaſſe trois cent cinquante mille

9

pièces. [1] En présence de cette prospérité, le Magiſtrat n'avait
point reculé devant des dépenses somptueuses, il avait fait
réédifier l'ancienne halle échevinale, donnée à la ville en
1279 par le comte Guy et qui déjà avait été reconſtruite en
partie dans les premières années du XVᵉ siècle. Ces travaux
dont nous avons publié le détail [2] avaient été exécutés avec
un grand luxe. Parmi les articles du compte où furent confi-
gnées ces dépenses spéciales, nous avons relevé l'article ci-
après concernant l'achat d'une tapisserie :

A Anthoine Robin marchand tapiſſier pour avoir livré & vendu
pour le conclave le nombre de cent trente-six aulnes & demye de
tapiſſerie de sayette de Bruges rouge taincte en garanche avec fleurs
de lis blanches semées en grand nombre avant icelle tapiſſerie ensemble
les armoiries du Roy notre Sire [3] avec les healmes, timbres, la toison
& le collier le tout d'or & de soye moiennant la somme de huit livres

---

(1) Pour donner une idée de l'importance de la fabrication des étoffes à Lille à cette
époque, nous avons relevé dans le compte de 1601 les chiffres ci-après :

Trippes de velours.	10,805 pièces
Chambgeants, bourettes, quennevachs et fustaines, d'après les droits d'assis pour l'année	77,241 »
Draps, baicques et estamettes vendus et aunées pendant la franche feste (foire)	67,200 »

Quant au nombre des saies et satins, le compte ne les donne pas,
il ne produit que le chiffre de l'impôt payé, qui se monte pour l'année
à 5,199 l; en supposant cet impôt égal (ce qui devait être à peu de chose
près) à celui des chambgeants qui paièrent 1,930 l pour 77,241 pièces,
on trouve pour les saies et satins environ 205,000 p., soit. . . . . . 200,000 pièces.

En tout . . . . . . 355,246 pièces

fabriquées et vendues dans la ville de Lille, dans le courant de l'année 1601.

(2) La Halle Échevinale, Lille, 1870

(3) Philippe II.

parisis de chacune aulne carrée selon la réduction en faicte par M. S. de la loy pour cause que la teinture n'était pas fi bonne qu'il avoit promis faire par le marchié . . . . м ıııı^{xx}xıı^l

Cet Anthoine Robin était-il Lillois? nous ne pouvons l'affirmer, n'ayant pas trouvé son nom au registre des Bourgeois; nous avons même de fortes raisons de croire qu'en 1598 (c'eft à cette date que cette tapifferie fut commandée), Lille n'avait pas encore vu s'établir de nouvelles fabriques de tapifferies. Cela résulte des termes d'une requête que nous reproduisons ci-après; elle eft datée de l'année 1625 [1] :

Rémontre en toute révérence Vinchent Van Quilkerberghe, natif d'Audenarde, demeurant à Arras, qu'il avoit entendu de plusieurs bourgeois marchans & habitans de la ville de Lille que entre tant de trafficques & ftil il y manque le ftil de fabriqueur de toutes sortes de tapifferies, pourquoi seroient bien souvent les dits bourgeois marchans & manans contrainctz ayant à faire de tapiz, fut pour parer églises, chapelles ou maisons d'eux transporter à Valleciennes, Audenarde ou ailleurs là où qu'on en recouvre à grans frais, despens ou facheries; auffi qu'il y at beaucoup d'églises & monaftères & gens de bien, pieux, devots et aumoniers, pourveus de beaucoup de bien & fortune quy désireroient bien souvent quelque belle pièche de tapifferie pour Dieu ce qu'ils ne peuvent bonnement effectuer à faulte de la dite fabrique. Quoy confidéré & défirant le dit remontrant le bien honneur & advancement d'icelle ville de Lille il se seroit délibéré de se retirer, comme a fait par cette vers vos Seigneuries suppliant leur noble plaifir estre de luy octroyer & permettre de establir au dit Lille le dit ftil de fabrique & meftier de toutes sortes de tappis & pouvoir de taindre de toutes sortes de coulleurs qu'il lui convient de mectre en

---

[1] Registre aux visites des maisons, 1623-1626.

œuvre pour icelle fabrique ce qu'il promet faire avec deulx caudières
qu'il at , & pour la dite fabrique quatre ostilles avecq un mollin pour
tordre les fillets et tous aultres uſtenſiles néceſſaires pour inſtaller &
pourſieuvre le dit ſtil , même promet prendre deux ou trois apprentis
en sorte que à toujours le dit art y demorera moyennant qu'il plaise à
vos seigneuries lui accorder une maison pour sa demeure ou lui bailler
sa vie durant cent florains par an pour payer son louage. Item exemption pour luy et sa famille de garde & de toutes tailles, aydes ou
maltautes, auſſi sa vie durant, & qu'il fabriquera le dit ſtil au dit Lille;
auſſi povoir estre bourgeois du dit Lille & la somme de cent florains
une fois, afin d'avoir récompense des facheries, frays & despens du
transport de ses meubles, oſtilles & ustenſiles ce qu'eſt bien peu de
chose au regard du bien prouffict, honneur, commodité & advan-
chement qu'il poldra, souldre & advenir en négociation & aultrement
d'icelle fabrique, conſidéré même qu'il est homme de bien & catholique & qu'il est très-expert à faire de toutes sortes *d'hiſtoires , armoiries & ouvrages telle & telle sorte que* les esprits humains le peuvent
désirer, auſſi raccommoder viels tapiſſeries qu'ils auroient perdu ses
couleurs & les rendre presque auſſi beau que neufve oùvrage.

La sollicitation qui précède fut admise. Cela résulte non
seulement des comptes qui enregiſtrent annuellement les
indemnîtés accordées, mais encore de la mention ci-après
écrite en marge de la requête :

Meſſieurs le tout veu & conſidéré ont accordé au dit remonstrant,
exemption de guet & de garde , avecq traitement de cent florins par
an pour le terme de neuf ans , à charge de prendre résidence en ceste
ville à la Saint Pierre prochain , & continuer icelle durant les dits
neuf ans, comme auſſi d'accepter pour apprentis du ſtil de tapiſſerie
chaque année quatre enfants de la Grange ou aultres qui lui seront
submis par mes dits S. auxquels au bout de trois ans d'appreture il
donnera gaignage & sallaire ordinaire.

    Fait en Halle le xiiᵉ jour d'april.

                 Signé MOUTON.

Van Quilkelbérghe fut plus heureux dans ses tentatives qu'il ne l'avait été à Arras & son établiffement à Lille fut couronné de succès, malgré les affirmations contraires d'un concurrent plus riche qui vint s'y établir quelques années plus tard. Voici la requête de ce rival, datée de l'année 1634 [1] :

Remontre en toute humilité Jaspart Van Caeneghem, fils de Jean, fabriqueur de toutes espèces de tapifferies, demeurant présentement en la ville d'Audenarde, que pour le rapport & affeurances à luy données par plufieurs amis & bienveillants, qu'il lui serait très utile & prouffitable & auffy très commodieux aux gentils hommes, bourgeois, marchands & habitants de Lille, s'il prendait sa réfidence au dit Lille pour y inftaller du tout la dite fabrique pour le grand *nombre de peuple & extrême richeffe y eftant*. Lequel peuple ayant affaire de quelques marchandises de tapifferie sont contraints d'eulx transporter en Amiens, Audenarde ou aultres lieux plus éloignés que l'on y fait semblables traffiques, & comme à raison que Emanuel & Jehan Van Quickelberghe ayant pareillement enprins de y inftaller le dit art, n'en font devoir, d'aultant que le dit Emanuel s'eft retiré de cefte ville en Angleterre paffé environ trois ans, & le dit Jehan Van Quickelberghe n'at moiens de fortune pour entretenir la dite fabrique, pourquoi le dit remontrant se retire vers vos seigneuries suppliant leur noble plaifir eftre de luy octroier povoir de prendre sa réfidence en cefte ville de Lille, avecq sa femme, famille & *dix-huit ouvriers*, qu'il offre amener & entretenir continuellement en besogne, même de prendre tous les ans trois enfants entretenus de la pauvreté, & leur dument apprendre le dit art, s'il plait à vos seigneureries, moiennant que les dits enfants, soient tenus de continuer trois ans à besogner sans aucune récompense pour le dit apprentiffage, & auffi de prendre autres enfants de bourgeois & manans du dit Lille à ceux qui le défirent & avecq eux traicter comme il appartiendra en toute courtoifie,

---

(1) Registre aux résolutions, N° 8, folio 101.

moiennant qu'il plut auffi à vos seigneuries lui accorder exemptions de toutes aydes, maletautes, logement de soldats, une maison pour sa demeure & ouvroir ou la somme de deux cents florins pour payer son louage, & la somme de cent cinquante florins pour l'apport de ses meubles, uftenfiles de tainture, en confidération de ce qu'il eft homme & catholique de bonne famme & renommée & doué de beaucoup de bien & fortune & partant capable en tout de continuer la dite fabrique.

Le Magiftrat accueillit favorablement cette propofition qui amenait dans cette ville une véritable colonie d'artisans spéciaux & il accorda au poftulant :

« Exemption d'impots sur toute la petite bière, sur fix rondelles de forte bière & sur une *filette de vin*, cent florins pour le transport des meubles, cent florins par an, pendant le terme de neuf années, à charge d'apprendre à huit enfants de la bourse des pauvres le métier de tapifferie, lesquels devront être trois ans en apprentiffage sans pouvoir rien gagner. »

Fier de sa pofition de fortune, Van Caeneghem avait été injufte pour son concurrent, qu'il accusait à tort de n'avoir pas le moyen de travailler ; nous avons en effet trouvé dans les comptes de l'année 1641 la fourniture d'une tapifferie faite à la maison échevinale par ce rival dédaigné, & le prix de ce tapis, coté à quinze livres l'aune, indique suffisamment une œuvre de choix ; le tapis acheté au commencement du fiècle, à Anthonie Robin, n'avait été payé que huit livres l'aune :

« A Jehan de Quickelberghe[1], tapiffeur, pour xx aulnes & un quart

---

[1] Ce Jehan était un des fils d'Emmanuel.

de tapifferie, par lui faiĉt & livré au conclave eschevinal à xv¹ l'aulne
ⅲᵉ ⅲ¹ xvˢ & pour avoir raccommodé le vieux tapis eftant audit conclave eschevinal xxxvⅰ¹ vˢ, sont . . . . ⅲᵉxⅼ¹

Malheureusement le comptable n'a pas inscrit la description ou du moins le sujet de cette tapifferie. Des titres poftè-
rieurs nous ont encore conservé un souvenir de ce fabricant ;
ainfi une requête des marguilliers de l'église St-Sauveur, datée
du 26 juillet 1760 [1], nous apprend qu'en 1644 Van Quickelberghe & Jeanne Suelau, sa femme, avaient fait présent à la
chapelle St-Joseph de fix pièces de tapifferies. Les marguilliers
demandaient, en raison du mauvais état où elles se trouvaient
en 1750, cent ans après la donation, l'autorisation d'en faire
une vente publique. — Cette permiffion leur fut accordée ;
nous n'avons pu découvrir quels étaient les sujets de ces
fix pièces de tapifferie.

Quant au *présomptueux* Van Caeneghem, fi nos comptes
nous ont fourni la preuve de son établiffement & de son séjour
à Lille, aucun achat, aucune donation faite par lui ou les
fiens, ne nous ont révélé quelles œuvres il figna de sa
marque dans la ville de Lille ; & le rival qu'il méprisait a laiffé
plus que lui des traces de son paffage.

Malheureusement, fi le regiftre aux résolutions, fi les livres
des comptes nous permettent de conftater l'établiffement suc-
ceffif de ces différentes manufaĉtures fondées avec le secours
& l'encouragement des faveurs municipales, nous ne pouvons, à ces mêmes sources, trouver les renseignements plus

---

(1) Registre aux résolutions, Nº 38, folio 201.

intéreffants qui nous diraient quel était le mérite artiftique des
tapifferies qui sortirent de ces ateliers. Nous en sommes réduit
à penser qu'elles devaient être de même nature que celles que
fabriquaient à cette même époque les manufaĉtures de
Bruxelles, d'Anvers & d'Audenarde, & c'eft le moment de
fignaler quelle modification s'était produite sous l'influence du
temps, dans la nature des tapifferies fabriquées en Flandre.

Aux fiècles précédents, les ateliers célèbres de ces provinces
avaient eu pour modèles les compofitions sévères de Rogier
Van der Weyden, d'Albert Durer, de Lucas de Leyde, de
Van Orley, de Michel Coxien, de Jules Romain & de Raphaël
lui-même [1]. C'eft un fait éclatant & sur lequel il faut
infifter, car il démontre l'incomparable renommée dont
jouiffaient nos manufaĉtures flamandes; tous les grands
peintres de toutes les écoles travaillèrent à l'envi pour les ateliers de haute-liffe de la Flandre.

Au dix-septième fiècle, à l'époque où nous sommes arrivé,
c'eft Rubens & l'école d'Anvers qui deffinent les grands
cartons que doit reproduire la haute-liffe, mais en même
temps, un nouveau genre de tapifferie apparaît. Si pendant
longtemps les tapiffiers avaient eu pour clients presqu'exclufifs,
les fabriques des églises, les corporations religieuses, les
grands seigneurs & les souverains, la bourgeoifie, grâce à
l'accroiffement des fortunes privées dans les Flandres, put
bientôt décorer, elle auffi, ses habitations de ces tentures
recherchées; mais à cette clientèle nouvelle il fallait un genre

---

[1. Voir Felibien, tome ii, page 552.

nouveau, & tandis que Rubens & ses nombreux élèves conti-
nuaient à demander à l'hiftoire, à la fable, à l'allégorie, les
sujets pompeux où se déployaient toutes les richeffes de leur
imagination, & qui convenaient aux palais & aux églises,
Teniers & les peintres de son école créaient un art plus
intime & plus vulgaire qui répondait bien mieux au goût de
nos riches bourgeois. La haute-liffe se mit donc à traduire en
tentures les scènes d'intérieur, les kermeffes flamandes ; elle
composa des verdures, *des boscaiges*, comme disent les inventaires du temps, animés par des personnages de petite dimen-
fion. En un mot, la tapifferie comme la peinture créa le genre
& le paysage.

Nous avons retrouvé dans nos archives la trace de l'une
de ces riches tentures exécutées d'après les deffins de Rubens.
En voici la description telle que la donne un inventaire du
XVIIIe siècle [1] :

Recueil des pièces de la grande tapifferie rangée dans la grande
chambre au gouvernement, d'un dessin fait par Rubens, de 6 aunes
de hauteur, figures héroïques avec de belles bordures de fruits et de
fleurs en feston.

1° Une pièce contenant 5 1/2 a., représentant Achille plongé dans
le Styx par Thetis, sa mère.

2° Une pièce contenant 7 3/4 a. représentant Achille dans le palais
de la princeffe Polixène & reconnu par Ulysse en présence de cette
princeffe & de ses femmes.

3° Une pièce contenant 6 1/4 a., représentant Ulysse en présence
d'Agamemnon & inspiré par Pallas.

---

(1) Affaires générales, carton N° 265.

10

4° Une pièce contenant 6 1/4 a., représentant Paris tirant une fleiche au talon d'Achilles, dans le temps qu'il présente un sacrifice.

5° Une pièce contenant 9 aunes 1/4 représentant la mort d'Achilles & l'arrivée de la princeffe Diedamie, pour l'épouser.

Plus,

Un trumeau contenant environ deux aunes représentant le combat d'Achilles contre Hector.

Tout ce que deffus d'un deffin fait par Rubens ; toutes les quelles pièces & trumeau sont de 6 aunes de hauteur.

La plus grande partie de cette tapifferie eft en soye.

Puis en bas de ce procès-verbal descriptif eft inscrit l'engagement du Magiftrat de remettre les tapifferies à la première réquifition, & en cas de deftruction par le feu ou de détérioration, d'en payer la valeur fixée à six mille florins. Nous ne savons ce que devint cette tenture quand elle fut enlevée de l'hôtel du gouvernement pour être remise à la famille Taviel, à laquelle elle appartenait. — Un des membres de cette famille était lieutenant de la Gouvernance, ce qui explique le dépôt dans l'hôtel précité. — Nous ignorons ce que cette tapifferie eft devenue.[1]

Des tapifferies à peu près contemporaines de celles-ci existaient à Lille dans l'hôtel, situé rue Royale, qu'occupe M. Vandercruyffen. Elles représentaient les Arts libéraux & avaient

_____

(1) M. Alfred Michiels pense que les cartons de ces tapisseries furent peints vers l'année 1631, « les trois dernières esquisses étaient presque aussi achevées que des tableaux. Ces cartons de l'histoire d'Achille se trouvaient à Rome, dans le palais Barberini, en 1798 ; ils devinrent ensuite la propriété du Français Collot, qui les garda plus de cinquante ans et les a vendus de nos jours, après leur avoir consacré une notice imprimée chez Firmin Didot. J'ignore qui en est le possesseur actuel. » — Histoire de la Peinture Flamande, tome VII, page 205.

été exécutées d'après des compofitions de Corneille Schut, un des meilleurs élèves de Rubens. Ces tentures ornaient un grand salon dont le plafond fut plus tard peint & décoré par Arnould de Wuez.

M. Vandercruyffen poffède encore dans sa belle collection les gravures à la pointe de ces riches compofitions, & sur l'une des épreuves gravées par Corneille Schut lui-même, une note manuscrite exifte & indique que ces tableaux ont été exécutés en tapifferies pour un des ancêtres du propriétaire actuel ; elles ont aussi disparu.

Bien que la Halle Échevinale eut été reftaurée & agrandie depuis moins d'un siècle, elle était, dès 1664, devenue insuffisante en raison du développement de la ville et de l'ac-croiffement de la population ; le Magiftrat se rendit acquéreur du palais de Rihourt que Philippe-le-Bon avait fait conftruire au XV° siècle, & qui portait le titre d'hôtel de l'Empereur depuis que Charles-Quint y avait résidé. Cette inftallation donna lieu à un nouveau marché pour la fourniture d'une tapifferie. Nous allons le reproduire ; il renferme quelques détails techniques :

Aujourd'hui vingt mai seize cent soixante-quatre, après résolution prise en plein conclave, il a à ces fins député le s^r Vantienne pour traiter & convenir avec Jean de Vries, fils de Joos. Eft convenu d'une tapifferie tiffée sans soie de couleur rouge vifve parsemée de fleurs de lis blanches, le tout en conformité du modèle donné audit Jean de Vries, & après divers pourparlers sont tombés d'accord avecq lui à onze squellins de l'aulne carrée, à conditions bien expresses que ladite tapifferie sera bien et duement accomplie de la plus fine estoffe & filet de tapifferie, tant la quinne à trois fils que la lanchure à deux fils, ayant été réservé de lui donner par deffus le prix que deffus pour les armoiries de Sa Majefté la somme de quatre livres de gros (1), lesquelles armes debvront eftre couvertes d'or où il convient, argent & autres couleurs autant bien que faire se peut, ensuite de la défignation & modèle ci-devant mentionné.

Ainsy fait ce jour que deffus.

Puis au deffous de ce marché se trouve la mention suivante :

Le 21 octobre 1664, jour de la livrance, la tapifferie a été trouvée contenir deux cent vingt aunes & demie portant à 6ˡ 12ˢ .   1329ˡ 12
Pour les armes de Sa Majefté   48   »
Pour voiture.   3   12

Total 1381 10

Et plus bas la quittance signée de Jos de Vries.

Ces frais de voiture, peu élevés du reste, & l'absence du nom de Jos de Vries sur le livre aux Bourgeois, semblent indiquer que cette tapifferie n'a point été exécutée à Lille même, mais dans ses environs. Elle fut placée dans la grande salle du nouvel hôtel-de-ville.

« Par un jufte retour des choses d'ici-bas » les armes d'Espagne, que le Magistrat avait recommandé de faire *tant belles que se pourrait*, & qui figuraient depuis 1524 sur toutes les tentures officielles, devaient bientôt s'effacer à leur tour devant l'écu fleurdelysé ; nous touchons en effet à l'année 1667 qui rendit Lille à la France & offrit à son industrie toutes les reffources nouvelles d'un pays puiffamment reconstitué.

Mais ce changement politique eût ses désavantages ; nous verrons la libre initiative de la commune disparaître sous la

---

(1) 48 livres.

domination nouvelle, & le pouvoir central, par l'entremife des intendants, pefer de tout son poids sur les décifions du Magiftrat, décifions naguère à peu près souveraines pour tout ce qui était police & réglementation induftrielle.

Ce n'eft pas une des moindres singularités de l'hiftoire, que la profpérité perfiftante de l'induftrie & du commerce dans les villes de Flandre, malgré les invafions, les guerres étrangères & inteftines qui se sont succédées dans ces provinces pendant le Moyen-Age & la Renaiffance. N'en faut-il pas conclure que chez ces populations, jaloufes à l'excès de leurs franchifes, les orages de la liberté & les luttes continuelles, en affermiffant les caractères, en surexcitant les énergies individuelles, avaient doué la nation d'une initiative & d'une activité fécondes qui peut-être ne se seraient pas développées à un égal degré sous des inftitutions différentes?

LES

TAPISSERIES DE HAUTE-LISSE.

V

DIX-SEPTIÈME SIÈCLE.

Domination française. — Les tapisseries françaises. — Manufacture
de Fontainebleau. — Les Gobelins. — Jooris Blommaert, François
Vanderstichelen, Jean Cabillau, s'établissent à Lille. — Manu-
facture de Pennemacker et Destombes, leurs œuvres. — Inventaire
de Volans, seigneur Des Werquins. — Tapisserie du Conclave.

Tandis qu'en Flandre, à l'époque de la Renaissance, &
avec les seules ressources de l'industrie privée, des manufactures de ces tapisseries, dont le renom était universel, s'étaient
créées dans toutes les villes importantes, il fallut l'intervention royale pour doter la France de cette industrie de la
haute-lisse, qu'elle avait pourtant exercée au Moyen-Age.
François Ier établit en effet à Fontainebleau, sous la direction
de Philibert Babou, intendant des bâtiments royaux, et de

Sébastien, Serlio son peintre et « architecteur ordinaire [1], » un atelier où il appela quelques ouvriers de haute-lisse. Primatice, que le Roi avait fait venir d'Italie, deffina, d'après le témoignage de Félibien, quelques compofitions pour la manufacture royale, à laquelle François I⁽ᵉʳ⁾ donna de plus pour modèles les spécimens les plus remarquables de l'induftrie flamande, entre autres les batailles de Scipion, exécutées d'après des cartons de Jules Romain [2]. François I⁽ᵉʳ⁾ acheta ces tapifferies au prix de vingt-deux mille écus [3].

Henri II conserva la manufacture créée à Fontainebleau, & en établit une seconde à Paris dans l'hôpital de la Trinité. Catherine de Médicis continua sa protection à ces établiffements & la bibliothèque nationale possède les remarquables deffins composés par Henry Lerambert, où cet artifte retraça, sous l'emblème d'Artemise & de Mausole, l'hiftoire même de Catherine. Ces compofitions furent reproduites par les manufactures royales pendant de longues années.

Henri IV voulut à son tour relever cette induftrie que les troubles qui précédèrent son avénement avaient singulièrement amoindrie, sinon anéantie. Il établit des ateliers dans la maison des Jésuites à Paris, puis dans la galerie du Louvre ; mais, dit M. Lacordaire : « Un atelier auffi reftreint ne pou- » vait remplir les vues d'Henri IV. *Pour ofter l'oyfiveté de* » *parmi ses peuples, pour ambellir & enrichir son royaume*, il

(1) M. Lacordaire, Notice historique sur la manufacture des Gobelins.

(2) Ces cartons existent au Louvre dans les galeries des dessins.

(3) Voir à l'appendice.

» ne devait pas se borner à fabriquer lui-même, mais favo-
» riser l'établiffement de véritables manufactures. C'eft dans
» ce but qu'il fit venir de Flandre, où depuis longues années
» l'art des tapifferies était dans l'état le plus floriffant, une
» colonie de tapiffiers de haute-liffe & qu'il lui accorda les
» priviléges les plus étendus. »

Dans la même année (1601), Henri IV interdit sous peine
de confiscation l'entrée des tapifferies étrangères, & par ce
moyen, il affura à Marc de Comans & à François de la
Planche, les deux fabricants flamands les plus renommés
qu'il avait appelés à Paris, un marché étendu où sans crainte
de la concurrence, ils pourraient développer leur induftrie.

Après avoir occupé différents emplacements la manufacture de tapifferie, façon de Flandre, fut en 1632 installée dans
la maison dite des Gobelins.

Enfin en 1662 Jean Janffen, d'Audenarde, avec l'aide de
nombreux ouvriers flamands, commença dans cette réfidence & pour le compte de Louis XIV, la fabrication des
tapifferies. Parmi les artiftes renommés qui prêtèrent leur
concours au développement de la célèbre manufacture, nous
devons citer l'un de nos compatriotes, J.-B. Monnoyer,
peintre de fleurs.

C'est au cours de l'année 1667, qui vit la réunion de Lille à
la France, que Louis XIV signa l'ordonnance qui fondait aux
Gobelins la Manufacture Royale des meubles de la couronne.
Dans cet établiffement consacré à toutes les industries de luxe,
la fabrication des tapis tenait la première place & finit par y
perfifter seule.

11

Auffitôt la paix de 1669 signée, Louis XIV s'empreffa de protéger les fabriques françaises contre la redoutable concurrence des tapifferies des Pays-Bas, en imposant lourdement ces derniers produits.

Voici quelles furent les droits d'entrée fixés par le tarif de 1669 :

Tapifferies de haute-liffe avec mélange de fil d'or & d'argent, le
cent pesant . . . . 150[1]
Tapifferies de soye, sans or ni argent. . . . . 100[1]
Tapisserie de laine, avec mélange de soie ardassée. . . 50

Grâce à cette protection & au développement de la richeffe publique, nous allons voir s'établir & durer chez nous de sérieuses manufactures, dont on retrouve encore de remarquables produits.

Voici la requête relative au premier établiffement qui suivit la conquête :

Remontrent en toute humilité Jooris Blommaert & Franchois Vanderstichelen, maistres tapiffiers résidans présentement en ceste ville de Lille, que de père en fils, & presque plufieurs fiècles, ils ont toujours travaillé & fait travaillé de tapifferie de baffe liffe, tant à Audenarde que dans les villes de Gand et autres & comme ils sont venus demeurer dans Lille, par forme d'effai, seulement depuis un demy-an & y ont amené quant à eulx nombre de tapifferies pour les vendre, comme ils ont fait d'une partie, ils remarquent et confidèrent, que pour former & establir dans cette ville cette manufacture pareille à celle de Bruxelles quy eft si considérable & important, il leur fut néceffaire de subir de grands frais, tant pour y faire venir demeurer au moings quarante-cinq à cinquante ouvriers ou valets propres & experts en cette manufacture, lesquels demeurent tant à Bruxelles, Anvers que Gand & par ces lieux là, comme aussi pour les raisons à déduire plus clairement & particulièrement par une audiance qu'ils demandent à cet effect, les subjects & motifs étant trop longs pour les déduire par cette requête, &c.....

(Suit le détail des avantages qu'ils sollicitent de la ville), « avec le privilége d'acheter tant chez les marchands qu'au jour de marché, & à telle heure que bon leur semblera, les fillets de sayette qui leur sont propres pour leur manufaĉture. » [1]

Cette requête fut soumise par le Magiftrat au maréchal d'Humières, gouverneur de la province, qui l'apostilla favorablement le 16 juin 1677. De son côté, la Chambre de commerce, après avoir entendu les suppliants, rendit auffi un avis favorable ; en conséquence, par une résolution en date du 9 février, le Magiftrat :

Permet aux requérants de travailler de leur ftil de tapifferie, leur accorde sitôt qu'ils commenceront à travailler la somme de cent patacons, & pendant six ans suivant celle de cinquante patacons, avec exemption d'impôts pour douze rondelles de forte bière & toute la petite, à charge d'employer à cette manufaĉture le nombre de *vingt ouvriers* au moins.

Blommart s'établit en conséquence à Lille, & dès 1680 nous le trouvons inscrit au regiftre aux Bourgeois de la manière suivante :

Georges Blommart, marchand tapiffier, fils de feu André, natif d'Audenarde, ayant épousé.............. Vanderftichenen, dont il a un fils Jean.

---

[1] Une ordonnance de police défendait d'acheter les fils de sayette, si ce n'est aux heures de marché.

Blommart fit des élèves, & en septembre 1679 un fieur Jean Cabillau, auffi natif d'Audenarde, « attendu qu'il va prendre état de mariage » follicita à son tour les faveurs du Magiftrat pour pouvoir s'établir à son compte ; il faisait valoir dans sa requête, que nous nous contenterons d'analyser, que s'étant adonné à la fabrication depuis sa jeuneffe, « il était capable de faire de très-rares et belles pièces de tapisseries, même de les garnir de fil d'or et d'argent ; qu'il peut dire sans vanité qu'il eft auffi capable que nul autre, ainfi qu'il l'a prouvé dans les ateliers de Blommart, dans lesquels il a toujours travaillé depuis que celui-ci eft dans cette ville, comme le premier de ses ouvriers. »

Cette requête fut accueillie, & le Magiftrat accorda à Cabillau différents avantages annuels, à la condition de faire chaque année « apparoir par un certificat de la Chambre de commerce qu'il avait au moins trois métiers battants. »

Vers 1684, la ville de Beauvais, si célèbre encore aujourd'hui par sa munufacture, attira chez elle la fabrique de Blommart par l'appât d'avantages plus confidérables ; mais à la nouvelle de son départ, des concurrents se présentèrent pour bénéficier des subfides que lui faisait la ville, & c'eft à cette cause que nous devons l'établiffement à Lille de la manufacture des Pennemacker qui y travaillèrent avec succès pendant cinquante années environ.

Commençons par reproduire textuellement la requête des Pennemacker :

Remonstrent très humblement François & André Panemacker père & fils, maistres tapiffiers de haute-lisse, de profeffion dans la ville de

Bruxelles, que dès leur tendre jeuneſſe ils se sont entremis à la fabrique de tapiſſerie de haute-liſſe en-deſſoubs les meilleurs maîtres tant au dit Bruxelles qu'aux *Gobelins* à Paris, en quoy ils ont si bien réuſſy, qu'ils en ont appris une parfaite connaiſſance & adreſſe d'en faire et fabriquer des plus fines & plus belles qu'il se puiſſe faire esdites deux villes, tant en figures qu'en paysages, ainsy qu'ils en ont fait voir les effets dans la dite ville de Bruxelles, & ailleurs où, pendant pluſieurs années, ils ont exercé la dite profeſſion en qualité de maiſtres, & comme ils ont entendu que Georges Blommart tapiſſier va quitter cette ville pour demeurer à Beauvais, ils souhaiteraient pouvoir icy s'établir en sa place, pourvue que vos Seigneuries leur feraient la grâce de les y admettre & de leur donner les droits & advanches que le dit Blommaert at eu de cette ville. C'eſt pourquoi, &c., &c.

Le Magiſtrat renvoya la requête à la Chambre de commerce, la priant de prendre des informations sur les dires des suppliants; d'un autre côté il écrivit à M. de Breteuil, intendant, *pour se conformer au déſir du Roy qui ne veut pas que les villes faſſent pareilles dépenses sans son aſſentiment*, & les avis ayant été favorables, il accorda deux cents patagons sitôt inſtallation, cinquante patagons pendant six ans, & l'exemption du droit sur les bières, comme on l'avait concédé précédemment à Blommart[1].

Ces Pennemacker, Bruxellois d'origine, descendaient d'une ancienne famille qui exerçait déjà cette induſtrie au XVIᵉ ſiècle.

Ainſi, en 1529, nous avons vu dans les comptes de la la Recette Générale de Flandre, un nommé Pierre Penne-

----

(1) Résolution du 30 mai 1684.

macker chargé de réfectionner la célèbre tapifferie de *Gédeon*,
commandée jadis par Philippe-le-Bon, & qui avait tellement
souffert que l'on dût faire deffiner à nouveau certaines parties
de patrons par un peintre nommé Adrien Van Ghiesberghe [1].
(Nous avons mentionné l'établiffement à Lille en, 1625, d'un
tapiffier de ce nom.)

Mais ce Pierre Pennemaker ne fit pas que des restaura-
tions, il tiffa en 1531, pour Charles-Quint, une riche pièce
de tapifferie d'or, d'argent & de soye, contenant vingt-huit
aunes & sur laquelle était représentée « *la cène que notre
Seigneur fist à ses apostres le blanc jeudi.* » C'eft la tapifferie
qui fut à cette époque le plus chèrement payée, (trente-huit
florins l'aune) [2].

A Pierre de Pennemacker succédèrent Hendrick et Guillaume, ses fils, qui furent continuellement employés par la
Régente à l'entretien des tapifferies de la Cour. Cette dépense
spéciale amenait presque chaque année une mention dans les
comptes. Hendrick & Guillaume Pennemacker fabriquèrent
auffi de nombreux tapis de mulets *armoyés des armes impériales,* que l'on envoyait continuellement à la cour d'Espagne.

Auffitôt que leur requête eût été accueillie, les Pennemacker se mirent à l'œuvre, & six mois après l'autorisation
obtenue, ils demandèrent au Magiftrat une avance sur des
tapifferies fabriquées ; deux échevins furent délégués pour
vifiter ces tentures : ils constatèrent que les fabricants avaient

---

(1) Archives départementales. Recette générale de Flandre.

(2) Voir à l'appendice.

déposé chez le concierge de l'hôtel-de-ville, cinq pièces de tapifferies qui mesuraient ensemble 22 aunes sur 4 aunes de haut, & après avoir fixé à 7 florins la valeur de l'aune, ils décidèrent qu'une avance de 50 %, soit 346 florins 10 patars serait faite par la ville pour un terme de deux ans.

Les fabricants n'attendirent pas fi longtemps; deux mois après les tapifferies étaient vendues, & la ville remboursée.

En 1685, en signe de satisfaction, la penfion des Penne-macker fut élevée de 50 à 55 patagons.

En 1687 nouvelle requête. Ils exposent « qu'ils se sont appli-qués à faire valoir leur manufacture par leur bon travail & par le petit gain, dont ils se contentent pour attirer les gens qui avaient l'habitude d'acheter de la tapifferie à Audenarde, Bruxelles & Anvers; ce qui a fi bien réuffi, qu'ils ont lieu d'espérer qu'ils augmenteront leur manufacture par la ruine de celles de ces villes étrangères. » Ils terminaient en deman-dant une augmentation de subfides & une exemption géné-rale d'impôts pour la bière dont ils avaient besoin dans leur famille « qui eft composée de plus de 22 personnes & qui augmentera, dans la suite, ayant envie d'occuper plus d'ouvriers. »

« De plus, pour être à même de fournir auffi de la groffe tapis-serie à ceux qui n'en voudraient point acheter de la fine, ils défireraient que vous vouluffiez leur mettre en mains quelques enfants orphelins qu'ils promettent d'inftruire avec beaucoup de soin à gagner leur vie. »

Leur requête fut accueillie en partie. La penfion de cinquante-cinq patagons fut élevée à deux cents florins, & l'exemption à vingt-quatre rondelles de forte bière au lieu de douze.

Vers la fin du siècle, André Pennemacker mourut. La penfion fut continuée à François, son fils, & à Jacques Deletombe son gendre, à condition que cette penfion de 200 florins serait consacrée à l'entretien de leur mère « débile d'esprit. »

En 1703, le Magiftrat renouvela la penfion toujours au profit de la veuve, sous la réserve que chacun des titulaires aurait au moins quatre métiers battants.

En 1711, la mère étant morte, la penfion pour chacun d'eux fut réduite à 100 florins.

Nouveaux renouvellements en 1714 & et 1717; mais comme il ne s'agiffait plus d'encourager un établiffement à sa naiffance, la penfion à partager entre les deux titulaires fut succeffivement réduite à 120 puis à 100 florins. Enfin, en juillet 1719 & après la mort de Deletombe, Pennemacker sollicita, sans pouvoir l'obtenir, une nouvelle prorogation des avantages à lui accordés depuis trente-cinq ans, de 1684 à 1719.

Nous aurons à reparler de la famille Pennemacker lorsque nous nous occuperons de G. Wernier.

Cette fabrique des Pennemacker produisit confidérablement, & il y avait peu de maisons riches à Lille, au siècle dernier, qui ne fussent décorées de ces paysages, que les nombreux inventaires de l'époque exiftant aux archives appellent des verdures; plufieurs de ces tapifferies ont passé sous nos yeux, enlevées des parois où elles s'étalaient pour être remplacées par des tentures de papiers peints. La plupart, par l'intermédiaire des marchands de *bric-à-brac* lillois, sont allées reprendre une jeuneffe nouvelle sous *le maquillage* des reftaurateurs parifiens.

Toutes ces tapifferies, lorsqu'elles n'ont pas été rognées,

portent tiffées sur la lifière les armes de Lille & le nom de
Deletombe ou de Pennemacker ; on peut en voir un spécimen remarquable au musée archéologique de la ville.

N'oublions pas de mentionner que dans le livre des
comptes, nous voyons souvent paraître le nom de Pennemacker pour location de tapifferies, ainfi il reçoit :

Le 14 juin 1695, pour avoir tapiffé la grande salle de l'hôtel-de-ville
par deux fois ; la dernière, pour l'entrée solennelle de Monseigneur
le duc de Boufflers. . . . . XXIV$^{fl.}$

Le 2 décembre 1695, pour louage de tapis à effet d'orner la salle le
jour de la Touffaint. . . . . XII$^{fl.}$

Nous trouvons encore des tapifferies de Deletombe et
de Pennemacker dans l'inventaire du riche mobilier de Jean
Volans, seigneur des Werquins, argentier de la ville. Ce Jean
Volans avait fait partie, en qualité d'ingénieur, de l'ambaffade
envoyée par Louis XIV au royaume de Siam ; il avait, dans
son voyage, sans doute, pris le goût des meubles et des porcelaines de la Chine & son mobilier, tel que le décrit l'inventaire dreffé après son décès, eft à donner des éblouiffements
aux curieux & aux collectionneurs du temps présent. Nous
copions ici quelques articles de cet inventaire ; ils feront
indirectement l'éloge de nos tapiffiers, puisque le propriétaire,
grand amateur, les avait jugés dignes de tendre les appartements où il avait amoncelé ses curiofités :

DANS LA GRANDE SALLE :

Une tenture de tapifferie de haute-liffe en trois pièces aux armes de

M^r & Me Des Werquins [1]; sur la cheminée neuf pièces de porcelaine dont six avec leur couvercle de bois doré ;

Neuf grandes confoles de bois doré portant de très-belles porcelaines faites en urnes, bouteilles & flacons à fond blanc, fleurage rouge & vert ;

Huit autres petites porcelaines sur des consoles attachées à la boiserie ;

Un feu de fer poli avec boules argentées ;

Un sofa ou canapet de bois verny de la Chine rouge, avec des sculptures & deffins représentant des dragons et feuillages en bois doré, garny d'un damas des Indes ;

Une tablette & son piétement en vernis de la Chine, noir & or, par deffus un cabaret vernis de même nature avec neuf taffes & service de porcelaine.

DANS UNE CHAMBRE SUR LE JARDIN :

Une tenture de tapifferie de haute-liffe de cinq pièces & paysages de Destombes & Pennemacker ;

Un feu de fer poli, boules argentées ;

Deux figures de porcelaine à habillements dorés ;

Deux grands lions de porcelaine blanche ;

Un confeffionnal d'une étoffe des Indes fleuragée à fond rouge ;

Quatre fauteuils et six chaises tapifferie au petit point ;

Un paravant de la Chine avec pagodes et fond blanc à six feuillets ;

Un beau bureau de vernis de la Chine ;

Un grand miroir avec cadres et fontanges vernis de la Chine.

Nous nous arrêtons, il faudrait reproduire entièrement les quarante feuillets de l'inventaire ; nous en avons assez cité pour montrer le goût du propriétaire.

---

(1) Il portait d'azur à un chevron d'or accompagné de deux demi-vols d'argent, en pointe d'un trèfle de même. Ces vols d'argent dans les armoiries d'un argentier ont dû plus d'une fois provoquer la malignité de nos pères.

Si M. Des Werquins avait jugé Pennemacker & Deletombe dignes de décorer sa splendide habitation, le Magiſtrat, de son côté, leur demanda une tapiſſerie pour la salle du Conclave[1], qui venait de recevoir les magnifiques boiferies qui y sont encore & les tableaux d'Arnould de Wuez. Mais nos recherches ont été vaines pour savoir ce que repréſentait la tenture qui garniſſait l'hémicycle depuis le haut des gradins jusqu'à la corniche en boiſerie.

Aucune délibération relative à cette tapiſſerie ne figure dans le regiſtre aux réſolutions. On lit simplement dans les comptes de 1719 :

A Marie Pennemacker, veuve & demeurée ès biens & dettes de Jacques Deletombe, maiſtre tapiſſier en cette ville, la somme de deux mille cent florins pour avoir travaillé & livré la tapiſſerie du Conclave de cette ville, icy par eſtat & certificat avec ordonnance du xx de février 1719, signée H. Herreng . . . . .iiii ᴹ ɪɪ ᶜ ˡⁱᵛʳᵉˢ

De plus, Paul Lalloy, brodeur & tapiſſier, reçut pour avoir fait placer la tapiſſerie, l'avoir doublée & y avoir fait une houſſe de serge verte, deux cent cinquante florins.

Qu'eſt devenue cette tapiſſerie & quand disparut-elle pour faire place à la tenture de lustrine qui vient à son tour d'être remplacée par les vitrines du musée céramique? Ce sont deux queſtions auxquelles il nous eſt impoſſible de répondre. En 1737 nous avons vu figurer au compte une dépense de cent

---

[1] Voir dans notre Histoire des Porcelaines et Faïences lilloises le chapitre consacré au Musée Céramique.

livres « pour avoir battu, nettoyé & raccommodé la tapifferie du Conclave » & voilà tout.

Si le prix élevé payé par la caiffe municipale suffit pour
affirmer que la tapifferie était digne de la salle où elle fut
placée, il ne nous renseigne pas sur le sujet de la tenture ;
dans des travaux de la nature de celui-ci, que de phrases
à terminer par un point d'interrogation !

LES
TAPISSERIES DE HAUTE-LISSE.

VI

DIX-HUITIÈME SIÈCLE.

*Jean de Melter s'établit à Lille. — Guillaume Wernier, son gendre,
lui succède. — Prise de Lille par les alliés. — Traité d'Utrecht.
Intervention des Intendants. — Convention avec Pennemacker. —
Règlement de Louis XV sur la teinture des laines deſtinées aux
tapiſſiers. — Lefebvre, fabricant à Tourcoing. — Les tapiſſeries
de Wernier. — Compoſitions d'après Teniers. — Les tapiſſeries de
l'hôpital Comteſſe & de l'église Saint-Sauveur.*

Nous sommes obligé de revenir sur nos pas pour reprendre,
à son début, l'hiſtoire de la manufacture la plus importante
qu'ait poſſédée la ville de Lille.

C'eſt en 1688 que Jean de Melter, de Bruxelles, vint établir
à Lille la fabrique de tapiſſerie que devait continuer Guillaume Wernier, qui épousa sa fille en 1700.

C'eſt cette manufaƈture qui, pendant la plus grande partie du XVIII° siècle, à la brillante époque des Gobelins, devait produire les belles tapiſſeries que nous admirons encore.

Nous n'avons point trouvé reproduite, ainſi que c'était l'usage, au regiſtre aux résolutions, la requète qui précéda l'inſtallation de De Melter, mais on y peut lire la décifion du Magiſtrat : [1]

« La Loy aſſemblée sur ce que Jean de Melter, tapiſſier, ayant demeuré à Bruxelles, nous a représenté que pour le bien de cette ville il prétendait s'y venir établir & y exercer sa manufaƈture de tapiſſerie, en quoi il disait être fort capable, nous ayant fait voir un *échantillon de son ouvrage en forme de tableau*, représentant *la tète du Sauveur souffrant couronné d'épines*, qui a paru fort beau à M. de Bagnols [2] & à nous, disant qu'il saurait travailler en toutes sortes de tapiſſeries fines, moyennes & autres, requérant partant que pour en partie le dédommager des frais qu'il devra exposer pour changer de domicile & pour l'établiſſement de cette manufaƈture en cette ville, nous vouluſſions lui accorder quelqu'avantage à l'exemple de ce qui se pratique dans les autres bonnes villes ; la chose mise en délibération, et tout confidéré, nous avons, de l'agrément de mon dit sieur de Bagnols, accordé & accordons audit de Melter la somme de 400 fl., une fois, qui lui seront payés promptement, & l'exemption des impôts de bière à raison de 12 rondelles de forte pour chacun an & pour autant de petites qu'il en pourra consommer dans sa famille.

Dès la fin de 1689, de Melter avait déjà neuf outils travaillants ; dans la résolution d'en augmenter le nombre, il sollicita du Magiſtrat « une penfion annuelle, comme on l'avait

---

(1) Registre 14.

(2) Intendant de la province.

accordée à Pennemacker, & ainfi que cela se pratique à Tournai, à Valenciennes & à Beauvais. » L'intervention de Monseigneur Dugué de Bagnols, intendant de la province, qui appuyait ses requêtes, décida le Magiftrat à lui accorder, pour quatre années, une penfion annuelle de quatre cents livres, monnaie de France, à charge par lui de s'engager à rester pareil temps dans la ville, & quelques mois avant la mort de ce fabricant, en 1698, le Magiftrat consentit à substituer à l'exemption des droits sur quatre rondelles de bière, l'exemption sur une feuillette de vin « néceffaire à la conservation de sa santé. »

Enfin, en 1701, nous voyons apparaître pour la première fois, Guillaume Wernier, dont nous avons inscrit le nom en tête de ce chapitre. Son premier acte, comme celui de tous ses prédéceffeurs, fut une sollicitation.

Son beau-père, par l'influence de M. de Bagnols, était arrivé à faire prolonger jusqu'à sa mort la penfion qui ne lui avait été accordée que pour quatre ans. Wernier adressa une requête au Magiftrat, mais on sent, dans la forme, l'homme qui se sait appuyé.

« Guillaume Wernier vous représente très-humblement, Messieurs, qu'il *se trouve sollicité* de continuer son établissement en cette ville avec dix outils actuellement travaillants, ainsy qu'il eft connu de M. de Bagnols ». Les rôles sont, pour ainfi dire, intervertis. C'eft Wernier qui eft sollicité de demeurer à Lille, & le nom de M. de Bagnols eft placé là pour rappeler au Magiftrat la puiffante influence qui a protégé son beau-père, & qui ne l'abandonne pas. Auffi c'est en vain que le procureur-syndic, dont l'avis est demandé, fait

valoir que « l'usage de la ville a toujours été de faire ceffer de
pareilles gratifications après quelques années, & qu'on avait
voulu tout simplement aider à l'établiffement de Wernier
comme on avait aidé à celui de ses prédéceffeurs. » Le Magiftrat,
par une décifion en date du 10 mai 1701, vota la continuation
de la penfion de 400 fl. « jusqu'au rappel ». Elle fut payée
sans conteftation jusqu'en 1709.

A cette époque, Lille avait ceffé d'appartenir à la France
& ceci changeait singulièrement la pofition, à un double
point de vue : d'abord Wernier avait perdu l'appui de l'intendant ; de plus les tarifs protecteurs qui frappaient à l'entrée les tapifferies des Pays-Bas n'exiftaient naturellement
plus pour les produits lillois.

Warnier se fit plus humble. Il vanta, avec raison du
refte, les progrès de sa manufacture « qui occupe *plus de
cinquante ouvriers & qui travaille pour tout ce qu'il y a de
gens de qualité dans cette ville* » & finit comme toujours en
sollicitant la continuation de sa penfion ; mais cette fois il
n'obtint qu'un demi-succès. Le Magiftrat lui accorda cent
florins par an pendant quatre ans « *en donnant par lui caution
qu'il ne sortira pas de la ville & y continuera la manufacture
pendant lesdits quatre ans.* » Enfin, en 1714, Lille étant
rentrée sous la domination française & les quatre années de
penfion étant expirées, il écrivit :

En 1710, estant changé de domination & croyant que cette manufacture n'aurait plus été si utile à la ville par la facilité qu'il y aurait
de tirer des tapifferies de haute-liffe de Hollande, de Brabant &
d'autres pays d'une même domination ; comme la ville de Lille était
alors, vous avez révoqué, Meffieurs, tous les avantages que vous

aviez accordé au requérant, en le reftreignant à une penfion de 100
florins qui doit finir au 1er de l'an 1714, ce qu'il a accepté, à raison
de la guerre & dans l'espoir que la paix nous aurions retourné sous
l'heureuse domination de la France, ainfi qu'il est arrivé, ayant toujours préféré son habitation en cette ville jusqu'à avoir refusé un
prêt de 60,000 florins sans intérêt, avec logement et exemption dans
la ville de Beauvais où on le mande, ce qu'il vérifiera au besoin.

« Ce confidéré & eu égard que cette manufacture occupe
au moins soixante familles, » il conclut en demandant la penfion de 400 livres et toutes les exemptions dont il avait joui
jusqu'en 1710.

Le Magiftrat fut impreffionné, paraît-il, par les pièces que
Wernier fit paffer sous ses yeux & qui certifiaient les offres
faites par la ville de Beauvais qui déjà, (on s'en souvient
peut-être,) avait enlevé à Lille la fabrique de Blommaert, &
sans accorder le chiffre demandé, il prolongea de trois ans la
penfion de cent florins.

Les trois années écoulées, la penfion & les exemptions furent
suspendues, Wernier ne put en prendre son parti. Désespé-
rant d'attendrir le Magiftrat, il se retourna vers M. de Meliand, intendant de Flandre, qu'il eut le talent de se rendre
aussi favorable que l'avait été autrefois M. de Bagnols. Dans
la requête qu'il lui adreffe à ce sujet, il vante sa manufacture,
& comme précédemment, il se fait un titre d'avoir refusé
de la ville de Beauvais un don de 60,000 livres *avec cent
mille florins de deffins & exécutions.*

Il cite la penfion faite au sieur Deslobbes, qui vient d'établir à Lille une fabrique de moucades & s'étonne qu'on ne
lui donne rien, à lui qui, seul dans ce pays conquis, « fait

13

des *tapifferies achevées, fourniffant aux plus grands seigneurs de France.* »

Nous voulons croire que le mérite inconteftable de Wernier fut son seul titre auprès de M. de Meliand, comme auprès de M. Bagnols ; toujours est-il que l'intendant renvoya la requête au Magiftrat après l'avoir enrichie de l'apoftille ci-après :

Renvoyé à MM. du Magiftrat pour y avoir égard, attendu qu'il ne paraît pas juste d'avoir changé la situation.

MELIAND.

Le Magiftrat fit rédiger par son procureur un mémoire dans lequel il énumérait les avantages succeffifs concédés depuis trente-deux ans environ à Wernier ; mais il reçut la réponse suivante, qui coupait court à toute discuffion :

De par le Roy,

Antoine-François Meliand Conseiller d'Etat, intendant de juftice, police & finances, en Flandres,

Veu les ordres du Conseil à nous adreffés par M. Amelot, préfident du Conseil de Commerce, par sa lettre à nous écrite le 15 mai 1723,

Nous ordonnons que le sieur Wernier, manufacturier de tapifferie à Lille, jouira de l'exemption de tous droits d'octrois pour vingt-quatre rafières de grains & d'une pièce de vin tant qu'il tiendra sa manufacture & ce à commencer de l'année dernière avec défense aux fermiers desdits octrois de le troubler dans ses exemptions dont il doit jouir en plein, à peine de tous dépens, dommages & intérêts, &c.

Enjoignons au Magiftrat de Lille de tenir la main à l'exécution du présent ordre.

Fait à Lille le 21 mars 1724.

MELIAND.

Par Monseigneur,
Remond.

Il eft ainsy.

Il n'y avait qu'à obéir; les exemptions furent accordées. On voit ce qu'étaient devenues les anciennes franchises communales & l'indépendance du Magiftrat, autrefois absolue, du moins en ce qui concernait l'adminiftration intérieure, après cinquante ans de domination française.

Mais fi le Magiftrat, bien que fier à jufte titre de la fabrique de Wernier, s'était cru en droit après trente ans de prospérité, de lui refuser une penfion qu'il ne lui avait accordée que pour aider à ses débuts, il aurait été mécontent de voir s'éteindre une manufacture qui était une des gloires de la ville. Or, Wernier était fort âgé & n'avait pas d'enfant, & sa mort devait entraîner probablement la fin de la manufacture.

Le nouvel intendant de Flandre, M. Bidé de la Granville, fut l'intermédiaire entre Wernier & le Magiftrat pour affurer la continuation de la fabrication à Lille après la mort de Wernier, & voici la convention qui intervint:

Wernier & sa femme (il avait épousé en secondes noces Catherine Ghuys)[1] s'engagèrent, par acte authentique, à donner au fieur Pierre Pennemacker (un des fils d'André, dont nous avons déjà parlé précédemment), toutes les connaiffances nécessaires pour mener son induftrie à sa perfection. De plus, la femme de Wernier, après la mort de son mari, qu'elle se remariât ou non, s'obligeait à fournir toutes les

---

(1) La ville d'Audenarde avait au XVIIᵉ siècle des tapissiers de ce nom, et en 1607 un nommé Georges Ghuys commanda au peintre Jean Snellinck le vieux, huit patrons représentant l'histoire de Zénobie, reine de Palmyre, qui eurent beaucoup de succès en France. (Supplément au catalogue du Musée d'Anvers, page 18.)

matières & l'argent néceffaires à Pierre Pennemacker pour qu'il put continuer à travailler.

La ville, de son côté, conftituait à Wernier, & après lui à sa veuve, une penfion annuelle & viagère de 250 florins.

Cette transaction, que nous résumons en quelques lignes, donna lieu à bien des requêtes, soit à l'intendant, soit au Magiftrat. Nous ne les recopions pas, parce qu'elles se répètent continuellement. Nous ne signalerons que les faits nouveaux qu'elles mettent en lumière. Ainsi, en 1733, Warnier déclare « que, d'après la convention faite avec M. de Bagnols, il n'était obligé que d'avoir dix métiers, tandis qu'il en entretient vingt-et-un, que Pierre Pennemacker commence avec succès à travailler sous son école aux *incarnations*, & que le fils de ce dernier, âgé de dix ans, apprend le deffin, étant la véritable idée pour se perfectionner dans cette manufacture. "»

Wernier mourut en 1738. Des difficultés s'élevèrent bientôt entre sa veuve & le sieur Pierre Pennemacker & le contrat intervenu entre eux fut rompu moyennant abandon à ce dernier d'une somme de 3267 florins dont il était redevable à son affociée. Pennemacker continua à travailler de son côté & la veuve Wernier du fien avec le concours des ouvriers qu'avait formés son mari. La ville, en confidération de ce que la convention n'avait pas été rompue par la faute de la veuve Wernier & voyant deux manufactures, au lieu d'une, continuer à travailler, paya jusqu'à la date de la mort de cette dernière (12 décembre 1778), la penfion consentie.

Quant à Pennemacker, il effaya auffi de se faire penfionner par la ville :

Remontre très-humblement Pierre Pennemacker, manufacturier de haute-lice depuis longues années qu'il exerce cette profession dans laquelle il se peut dire très-perfectionné, même au delà de ce que feu Guillaume Wernier, avec lequel il travailla plusieurs années, a pu faire pendant sa vie, ainsy qu'il est en état de faire voir à vos Seigneuries. Le portrait de Sa Majesté Louis XV, notre illustre monarque qu'il a fait d'haute-lice, qu'il a eu l'honneur de vous présenter, justifie sa grande capacité. Il a un garçon qui se rend non seulement capable de continuer cette manufacture, mais qui plus est celle de la peinture qui est l'important moyen de s'y perfectionner par rapport au dessin dans lequel il s'est rendu très-habile & de bon goût ; la veuve Wernier abandonne pour ainsi dire cette manufacture. C'est pourquoi il sollicite &c., &c.

Sur l'avis du procureur syndic, qui fit valoir tous les avantages que Pennemacker avait gratuitement reçus de Wernier, toute pension fut refusée.

Le fils Pennemacker, dont le père vantait si haut les talents, s'appelait Gaspard ; il figure dans les comptes de la ville pour des travaux de décoration qu'il exécuta lors de la venue du Roi.

Nous avons longuement exposé les relations de Guillaume Wernier et de son élève Pennemacker, avec l'administration échevinale ; il nous reste à parler de quelques documents qui peuvent nous renseigner sur la valeur de ses œuvres. C'est d'abord un rapport de l'intendant. Nous l'avons dit, au début de ce chapitre, Louis XIV s'était empressé, en 1669, de frapper de droits élevés les tapisseries flamandes. Plus tard, lors du traité d'Utrecht, il y eut lieu de régler à nouveau le tarif des droits entre la Flandre française & les possessions autrichiennes.

Par les soins de l'intendant, un mémoire fut dressé, qui passe en revue les principales induftries des pays cédés définitivement à la France, et voici comment cette pièce s'exprime relativement aux tapifferies :

« C'eft à Bruxelles & à Audenarde que se font les plus belles tapifferies appelées vulgairement de Flandre ; elles se répandent non seulement dans toute la France, mais dans tous les pays conquis. Il y a à Lille trois ou quatre manufaâures de tapifferies qui le *disputent à celles de Bruxelles & d'Audenarde pour la perfection de leurs ouvrages* ; elles ont été établies & sont déservies par des ouvriers de ces mêmes villes, mais elles ne produisent que très-peu. »

Cette produâion reftreinte, le rapport eft de 1713, provenait de ce que depuis 1708, les tapifferies lilloises étaient lourdement imposées à leur entrée en France, tandis que celles de Bruxelles & d'Audenarde étaient admises chez nous sans payer de droits. Mais une fois la frontière ancienne rétablie par la réunion à la France, Wernier développa considérablement sa produâion, & pour arriver à obtenir une réduâion de droits à l'entrée de l'ancienne France, il demanda le concours de la Chambre de commerce. Voici dans quels termes elle appuya sa demande :

Nous certifions à tous qu'il appartiendra que le sieur Guillaume Wernier, manufaâurier de tapifferie de haute & de baffe-liffe en cette ville nous ayant représenté deux pièces de sa fabrique, appelées Tinnières, (dans le genre des deffins de Teniers) l'une représentant *une fileuse* & l'autre *un jeu de quilles*, toutes deux avec une bordure remplie de fleurs, fruits & uftenfiles d'agriculture dans lesquelles les armes de la ville de Lille & le nom du dit Wernier sont tiffées, nous déclarons que les deux susnommées pièces de tapifferies ont été fabriquées par lui en cette ville, qu'il mérite toute l'attention & la faveur poffibles afin de perpétuer dans la Flandre française une manufaâure qui a fait toujours un objet confidérable dans les pays bas autrichiens, d'où on les tirait avant l'établiffement du sieur Wernier, qu'il convient d'affurer pour l'augmentation du commerce & attirer du dehors les meilleurs ouvriers de Bruxelles. Nous eftimons que le moyen le plus sur d'y parvenir serait de diminuer les droits d'entrée dans l'ancienne France sur les tapifferies fabriquées dans la Flandre française, & principalement à l'égard de celle de Wernier dont le zèle pour la perfection a été généralement applaudi, d'autant plus qu'il a fait des élèves capables de lui succéder & que par ce moyen ils seront en état d'entretenir grand nombre d'ouvriers dans la province.

Nous ne savons quel fut le résultat de cette requête ; accueillie ou non, la demande de la Chambre de commerce n'en eft pas moins un témoignage en faveur de la bonne fabrication de Wernier. Preuve surabondante du refte pour ceux qui connaiffent les œuvres que son beau-père Jean de Melter & lui ont signées. Nous en parlerons plus loin.

En 1733, Louis XV, dans l'intérêt des manufaÆures de tapifferies, fit édiÆer un règlement concernant la teinture des laines deftinées à cette induftrie, & ce règlement par les soins du souverain bailly de Lille fut publié chez nous le 26 novembre 1733 [1].

Ce document eft trop long pour que nous songions à le reproduire, nous en dirons seulement quelques mots : Il prescrit tout d'abord l'usage exclusif des couleurs de bon teint, autorisant celles de petit teint « pour les bergames, points de Hongrie & tapifferies groffières » &, dans une série d'articles, il donne la nomenclature des matières tinctoriales

---

(1) Registre au Mandement, dit livre jaune.

qui doivent être employées pour l'obtention de chaque couleur ; ainfi, par exemple, le règlement porte :

Article ɪᴠ.

Les teinturiers seront tenus d'employer le kermès ou graine d'escarlate avec l'alun et le tartre dans la teinture des laines fines servant aux carnations foncées.

A la suite de ce règlement, qui eft une espèce de manuel du teinturier, l'ordonnance, après avoir établi qu'une couleur n'est bonne qu'autant qu'elle réfifte à l'aftion de l'air & du soleil, déclare que, par ordre de Sa Majefté, il a été fait différentes expériences sur les laines deftinées aux fabriques de tapifferie, pour connaître le degré de bonté de chaque couleur & « les débouillis les plus convenables à chacune d'elles. » En conséquence, elle formule dans une nouvelle série d'articles les procédés au moyen desquels on pourra reconnaître fi les laines sont de bon ou mauvais teint.

Les couleurs, claffées en trois catégories, devaient être effayées avec l'alun de Rome, le savon blanc ou le tartre rouge; & la manière de procéder à chacun de ces effais eft longuement exposée.

Nous mentionnerons encore, à titre de renseignement, un conflit entre le Prevôt des marchands de la ville de Lyon & nos manufafturiers : le premier avait fait plufieurs fois arrêter & saifir des ballots de soye ardaffée que nos fabricants tiraient de l'étranger par Marseille, avec l'autorisation du Roi « depuis qu'il n'a plus trouvé bon qu'on les tirât par la Hollande, qui était le chemin le plus court, le plus aisé & le moins frayeux. » En 1739, le même fait se renouvela et

les Échevins de Lyon; voulant justifier leur saisie, préten-
dirent que ces soyes étaient destinées pour la Hollande &
l'Angleterre.

> « Attendu que les flamands français n'avaient point de manufac-
> » tures où ils emploient des soyes, que celles de velours à ramages
> » de Lille, pour laquelle on leur donnait tous les ans un paſſeport
> » pour tirer en exemption des soyes ouvrées d'Anvers. »

Lille répondit : « Qu'il y avait plus de soixante ans que la
fabrique de soyes ardaſſées ouvrées était établie à Lille, &
qu'on n'y faiſait pas seulement des velours à ramages, mais
des velours unis, des taffetas de demies-soyes & des tapiſſeries
de haute-liſſe, rubans, dentelles noires, boutons & broderies où il entre une infinité de soyes d'Italie & du Levant. »
— Le droit de tranſit par Marseille à Lyon fut maintenu en
faveur de nos manufaĉtures.

Les archives de l'Intendance nous ont encore fourni une
requête signée de Guillaume Wernier, Pennemacker & Del-
tombe qui, avec l'appui de la Chambre de commerce, demandaient à l'intendant d'interdire à Jeanne-Marie Lefebvre, veuve
d'un ſieur Neerinck, la fabrication des tapiſſeries façon d'Audenarde dans la manufaĉture qu'elle avait établie à Tourcoing.
Ils faisaient valoir que Tourcoing étant une ville ouverte près
de la frontière, il serait facile d'introduire des tapiſſeries
étrangères en fraude des droits, en les faisant paſſer pour des
produits de sa fabrication. Nous ne savons quel résultat eut
cette demande, toujours eſt-il que nous avons vu, il y a quelques mois, chez un marchand de curiosités à Lille, une tapiſſerie d'aſſez belle qualité, représentant une fête champêtre,

et signée sur la lifière : *Lefebvre*. — *Tourcoing*. Et, chose singu-
lière , à la suite de cette inscription , les armes de la ville de
Lille telles qu'elles sont tiffées sur toutes les tapifferies fabriquées chez nous à cette époque , exiftent sur l'œuvre sortie
des ateliers du fabricant de Tourcoing.

Peut-être était-ce une condition imposée par l'Intendance
comme garantie de fabrication nationale , à la suite de la
requête de nos manufacturiers ?

Si, au XVIII° siècle, Tourcoing dut céder devant les priviléges lillois, il a vaillamment pris sa revanche au XIX° sous le
régime de la liberté commerciale , car ses manufactures
de tapis tiennent aujourd'hui le premier rang dans la fabrication induftrielle.

Revenons aux tapifferies de Guillaume Wernier. Nous
avions espéré , en fouillant les archives du tabellion , trouver
à l'époque de la mort de ce fabricant , en 1738 , soit un
inventaire , soit un compte de liquidation ; notre espoir a été
déçu , le tabellion ne nous a fourni que le contrat de mariage
de Guillaume Wernier avec Catherine Ghuys, filled'un bour-
getteur lillois , paffé en 1733 , & son teftament, daté de 1738
(antérieur d'un mois à sa mort), par lequel il lègue toute sa
fortune à sa femme , à l'exception d'une somme de trois mille
florins donnée aux enfants de son frère Adrien , qui était allé
se fixer à Copenhague.

Cette générosité envers sa femme nous a privé des renseignements intéressants que nous eut révélés l'inventaire de la
fabrique & des marchandises ; mais il refte encore de la manufacture de Wernier affez de tapifferies fignées pour que nous

ayons pu contrôler par nous-même l'eftime dont jouiffaient ses œuvres au XVIIIe siècle.

Il exifte par exemple chez M. Vandercruyffen, dont nous avons déjà cité le nom à propos des tapifferies faites sur les deffins de Corneille Schut, un tableau représentant la Vierge & l'Enfant Jésus, d'après une composition de Rubens ; ce morceau remarquable eft figné en toutes lettres du nom du beau-père de Guillaume Wernier, Jehan de Melter, le fondateur de la manufacture ; ce spécimen peut supporter la comparaison avec les produits des fabriques les plus renommées.

Un inventaire dreffé, en 1703, chez le fieur Etienne Durez, seigneur de la Becque, dépofitaire des deniers de la ville, mentionne :

> Dans un salon, cinq pièces de tapifferie, deffin de Tainière, de la façon de De Melter, & une tenture à *flames ?* d'étoffe de Lille.

Wernier, comme son beau-père, continua la fabrication des tapifferies d'après les compofitions de Teniers, & l'on peut voir chez M. L. Danel, à Lille, un vafte salon décoré de tentures repréfentant dès kermeffes flamandes ; ces tapifferies, parfaitement conservées, sont d'une exécution remarquable.

Au nombre des tapifferies tiffées par Wernier & qui sont reftées dans le pays, nous citerons encore trois panneaux que M. Motte-Boffut a fait placer dans sa propriété de Lannoy; ces panneaux ont tous les trois un fond de paysage identique, mais les perfonnages qui animent ces paysages ont été empruntés par le deffinateur qui a compofé les patrons, à des maîtres bien différents. En effet, l'un des panneaux a pour sujet *le Pédicure*, d'après un tableau de Teniers ; le second

repréfente *la Leçon de Flageolet*, bergerie flamande de la
même école, tandis que le troifième eft décoré d'une compofition de grand style copiée dans un tableau du Pouffin.
Comme exécution, ces tapifferies, tiffues de laine & de soie,
sont remarquables, comme toutes les tapifferies qui portent
cette marque.

Wernier reproduisit auffi plufieurs fois les aventures de Don
Quichotte, imitées sans doute sur les compofitions que
Coypel avait deffinées pour les Gobelins; ces tapifferies exiftent, ou du moins elles exiftaient encore à Lille il y a quelques
années, & nous avons eu occafion de les examiner; mais nous
savons que deux de ces tentures, appartenant à des proprié-
taires différents, viennent d'être cédées pour un prix infime à
un marchand étranger.

Mais Wernier ne se borna pas à fabriquer des tentures
d'appartements pour les riches bourgeois & *pour la première
noblejfe de France*, comme il dit dans ses requêtes; il fit auffi
tiffer de vaftes compofitions religieuses pour les communautés
& les églises; & le Guide dans Lille, édité en 1772[1], mentionne six belles pièces de tapifferies placées au-deffus des
ftalles du chœur dans l'église Saint-Sauveur. Une de ces six
pièces fut envoyée, sur notre demande, par M. le curé d'Ascq,
à l'expofition universelle, feftion de l'hiftoire du travail. Voici
la description qu'en donne le catalogue[2]: « Grand panneau,

---

(1) Lille, Jacquez. Le Magistrat de Lille, auquel Jacquez avait dédié son ouvrage,
lui envoya en remerciement un panier de vin de Malaga.

(2) N° 4,625.

Les Noces de Cana, signé G. Wernier (un lis) en Flandres 1735. Bordure dans le style de Berain, formée de filets contournés, combinés, avec des rinceaux de feuillage. »

Ce lis d'argent sur fond de gueules, qui accompagne la signature du fabricant, eft l'écuffon des armes de la ville que nous retrouvons sur toutes les tapifferies de cette époque, conformément aux anciennes prescriptions édiĉtées jadis par Charles-Quint.

Nous avons été affez heureux pour acquérir tout récemment une autre des six pièces de tapifferies provenant de l'église Saint-Sauveur; elle figure aĉtuellement au Musée archéologique, & elle porte, outre la signature & les armes de la ville, une inscription tissée qui rappelle le nom de la dame Lachez, qui offrit jadis ces tapifferies à l'église Saint-Sauveur. Voici l'inscription :

« Françoise Lachez, veuve de Michel Freco, a donné ces six pièces de tapifferies. 1735. »

En 1742, un marché fut passé entre les marguilliers de Saint-Sauveur & un nommé Antoine Labbe, pour l'adjudication des travaux de menuiserie & de sculpture à exécuter dans le chœur, afin d'encadrer & d'exposer ces remarquables tentures. Ce devis spécial s'élevait à 1200 florins.

Enfin, on peut voir encore à l'hôpital Saint-Sauveur, deux magnifiques tapifferies de Wernier.

La première représente Bauduin de Conftantinople, la couronne impériale au front & drapé dans un manteau de pourpre; à côté de lui est placée sa femme Marie; ses deux filles, Jeanne & Marguerite, sont affises à leurs pieds sur de

riches couffins ; sur le piédeftal d'une colonne est tiffée cette
inscription :

BEAUDUIN Ier DU NOM

EMPEREUR DE CONSTANTINOPLE

COMTE DE FLANDRE

DE HAINAUT

MARIE DE CHAMPAGNE

SON ÉPOUSE

JEANNE DE CONSTANTINOPLE

MAGUERITE

DE FLANDRE

LEURS FILLES.

Dans la riche bordure qui encadre le tableau sont infcrites,
en haut, les armoiries de Beauduin ; en bas, celles du donataire de la tapifferie : D'azur au chevron d'or accompagné de
deux étoiles de même en chef et d'un lièvre aussi d'or en
pointe, avec cette légende : *Oculi mei semper ad Dominum.*

La seconde pièce repréfente Jeanne de Conftantinople entre
ses deux maris, Ferdinand de Portugal & Thomas de Savoye;
elle porte cette inscription :

JEANNE DE CONSTANTINOPLE, COMTESSE DE FLANDRE,

FONDATRICE DE CETTE MAISON, 1235.

Même bordure que dans la pièce précédente, mais les
armes varient & celles du donataire, sans doute, portent : De
sable à trois gantelets d'argent, deux & un [1], avec cette
légende : *Tam marte quam manu.*

---

(1) Nous n'avons pu découvrir les familles auxquelles appartenaient ces armes.

Les deux tapiſſeries sont signées :

G. WERNIER (les armes de Lille). 1703.

Bien que ces tapiſſeries soient à l'hôpital Saint-Sauveur,
elles appartenaient, ainſi que l'indique la légende, à l'hôpital
Comteſſe, fondée par Jeanne en 1235; elles figurent, en
effet, dans l'inventaire de cette maison, dreſſé par les soins
de la Municipalité en 1793 [1]. Et quoique les inventaires
de cette époque décèlent généralement peu de préoccupations
artiſtiques, elles sont exceptionnellement mentionnées comme
très-remarquables.

Ces tapiſſeries ont dû être faites d'après des cartons d'Arnould de Wuez. La Mairie de Lille poſſède, dans la salle du
Conseil, un tableau de ce maître, repréſentant Jeanne & ses
deux maris, dout la compoſition diffère très-peu de la tapis-
ſerie en queſtion. Les archives de l'hôpital Comteſſe, si on
pouvait les consulter, donneraient certainement des renseignements sur l'origine de ces tapiſſeries et sur leurs donataires.

Ces seules pièces suffiraient à aſſurer à Wernier une place
parmi les plus célèbres fabricants de tapiſſeries, elles peuvent
être comparées aux beaux produits des Gobelins & leur
mérite les a fait attribuer à cette manufacture célèbre,
jusqu'au jour où, grâce à la signature & aux armes de la ville
qu'elles portent dans leur tissu, nous les avons, avec une
certitude absolue, reſtituées à l'induſtrie locale.

(1) Archives municipales.

Nous espérons que l'Administration des Hospices prendra prochainement des mefures qui, en affurant la conservation de ces tentures, permettront aux amateurs de les voir expofées dans les Mufées de la ville, à côté des tapifferies anciennes dont nous avons parlé. Une inscription placée sous ces tapifferies rappellerait leur origine, & les Hospices, sans aliéner leur propriété, ne laifferaient pas enfouies sans gloire, les produêtions les plus remarquables de l'induftrie lilloife.

LES

TAPISSERIES DE HAUTE-LISSE.

VII

DIX-HUITIÈME SIÈCLE. (Suite)

Fabriques diverses. — Marlier, Ferdinand. — Deslobbes. — Hendrick. — Ternois. — Manufacture de fils d'or de Cormontaigne. — Bouché, François, tapiſſier de Son Alteſſe le Prince de Soubise. — Ses tapiſſeries. — L'hiſtoire de Psyché à l'Expoſition universelle.

Avant d'aborder l'hiſtoire de la manufaĉture de François Bouché, il convient de citer le nom de quelques fabricants qui s'établirent à Lille, à l'époque où les Pennemacker & G. Wernier travaillaient avec tant de succès ; mais nous nous bornerons à une simple mention pour ces concurrents, qui n'ont point laiſſé de traces de leur paſſage.

Marlier, Ferdinand, natif de Tourcoing, « ouvrier en

tapifferie & imitation de haute-liffe, carpette, mouquette & aultre, » reçut du Magiftrat, en 1691, un don de trois cents florins pour acheter trois chaudières de cuivre & une d'étain[1].

En 1714, un nommé Deslobbes fonda à Lille une fabrique importante de « moucades, carpettes, point de Hongrie & tapis, » il lui fut accordé un subfide annuel de six cents florins & le loyer gratuit des anciennes casernes sises rue Royale, pour y inftaller sa manufaĉure. Cet établiffement ne réalisa pas les espérances du Magiftrat & l'allocation fut réduite, puis supprimée [2].

En 1723, Jean Hendrick & Guillaume Beer, peintre allemand, établirent une manufaĉure de tapifferies à la façon de haute-liffe, chez Riqué, sellier, place des Patiniers.

En 1728, Ternois, de Tournai, effaya de monter à Lille une fabrique de mouquettes, tapifferies, point de Hongrie & carpettes. Cette tentative ne paraît pas avoir réuffi.

Enfin, nous devons mentionner auffi la création d'une induftrie rendue néceffaire par le développement qu'avait pris la fabrication des tapifferies & des riches étoffes de bourgetterie dans lesquelles on employait les fils d'or & d'argent. En 1711, un sieur Cormontaigne, dit *Turpin*, établit sur le marché (la Grande-Place), une manufaĉure de fils d'or & d'argent, & reçut pour ce fait de la ville une gratification annuelle de mille florins, à la condition d'avoir vingt métiers continuellement en activité.

---

(1) Registre aux résolutions 14, folio 207.

(2) Carton Affaires générales, Nº 1182, doss. 20.

Arrivons maintenant à la manufacture de François Bouché :

« Supplie très-humblement François Bouché, marchand manufacturier de tapifferie de haute-liffe, à la façon des Gobelins & de Bruxelles, demeurant en cette ville de Lille, difant qu'il eft le feul qui se trouve établi dans ladite manufacture, à la réserve de la veuve du fieur Wernier. . . . . »

Tel eft le début d'une requête que François Bouché adreffa en 1740, au Magiftrat de Lille, pour obtenir, lui auffi, une penfion de la ville ; il infinuait, dans sa demande, que la veuve Wernier, depuis la mort de son mari, laiffait dépérir sa manufacture ; que lui, Bouché, avait donné afile à la plus grande partie des ouvriers renvoyés par la veuve Wernier, & enfin, pour décider le Magiftrat, il joignait à sa requête une lettre émanée de l'adminiftration de la ville d'Arras, qui lui offrait non-seulement un logement gratuit & la jouiffance de différentes exemptions, mais qui lui faisait encore entendre que sitôt installé là bas, il recevrait des commandes nombreuses & importantes.

Le procureur-syndic combattit les conclufions du poftulant. Il répondit « que fi la veuve Wernier avait diminué son travail, cela tenait à la guerre & aux malheurs du temps, qui avaient fait ceffer les commandes, » & il concluait à un refus. Son avis fut adopté.

En 1749, Bouché prit le bon moyen pour réuffir, il adreffa sa requête à M. de Séchelle, intendant, qui la renvoya à qui de droit.

Quand on suit, dans les regiftres, la série de réfolutions du Magiftrat, on eft frappé de l'influence, plus grande de jour en jour, que les intendants exercent sur les délibérations.

Au XVII⁰ fiècle, on les voit intervenir si rarement, que la pensée ne vient point aux solliciteurs de s'appuyer sur leur crédit; au milieu du XVIII⁰ fiècle, au contraire, c'eft toujours par eux que l'on cherche à pefer sur la détermination du Conclave Échevinal; l'intendant, cette fois, n'avait point apostillé la requête, de façon à modifier la décifion du Magiftrat.

Bouché eut recours à une nouvelle & plus haute protection. Il confectionna en tapifferie le portrait de Charles de Rohan, prince de Soubise, maréchal de France & Gouverneur de la province; il obtint ainfi le titre de tapiffier de Monseigneur le Gouverneur &, fort de cette attache, il arriva devant le Magiftrat avec une nouvelle requête, dans laquelle, paré de son titre officiel, il fit valoir non-seulement les beaux ouvrages avait faits pour le prince, mais encore ceux qu'il avait livrés au public & qui lui méritaient une penfion.

Il fut écouté cette fois, & une délibération prise, malgré l'avis du procureur-syndic, qui perfiftait à déclarer inutiles les secours sollicités, lui attribua une penfion de cent florins pour le terme de trois ans, à charge d'entretenir au minimum cinq métiers battants. Il obtint succeffivement le renouvellement de cette faveur, jufqu'au 15 avril 1769, après avoir fait conftater, chaque année, par le sieur Blondeau, que sa manufacture était toujours en activité.

En 1769, le prince de Soubise étant abfent, il s'adreffa au au comte de Muy, chevalier des Ordres du Roi, lieutenant-général de ses armées & commandant-général des Flandres, & dans une supplique, toujours la même, où il se donne comme *l'unique maître* de son art dans la ville de Lille, *toujours honoré .de l'applaudiffement de la première nobleſſe*, il implora son intervention. Elle ne fut pas inutile, car il obtint la prorogation de sa penſion pour une nouvelle période de trois ans, mais réduite à quatre-vingts florins.

Enfin, en 1773, cette penſion fut supprimée, bien que pour attendrir le Magiſtrat, Bouché eût fait valoir son âge avancé, l'état de sa vue, compromise par ses travaux, & la néceſſité dans laquelle il s'était trouvé, par suite de son infirmité, de faire venir des ouvriers des Gobelins de Paris pour le suppléer. Il mourut quelque temps après & sa manufaĉure finit avec lui.

Bien que l'établiſſement de Bouché ait été en activité pendant près de trente années, nous n'avons point encore vu à Lille de tapiſſeries ſignées de son nom; l'enlèvement des liſières où était tiſſé le nom du fabricant eſt une des cauſes qui rend difficile l'attribution de beaucoup de tapiſſeries, même de celles du XVIIIᵉ ſiècle; mais en 1867 nous avons remarqué dans les riches galeries de *l'Hiſloire du Travail*, de magnifiques tentures, attribuées aux Gobelins, qui pourraient bien provenir de notre artiſte lillois.

Voici sur quoi se baſe notre opinion. Ces tapiſſeries portaient le N° 4630 & le catalogue les déſignait ainſi :

« Tenture de Psyché, composée de cinq pièces, deux grandes, une moyenne, deux plus petites, d'après des compoſitions ſignées *F. Boucher*, bordures imitant le bois doré sculpté d'ornements symétriques, supportant à la partie supérieure, des armoiries doubles sous une couronne fermée. — Gobelins. — M. le capitaine Leyland. Londres. »

Nous ferons observer tout d'abord que les tapiſſeries n'étaient

pas fignées *F. Boucher* comme le dit le catalogue, mais bien
F. Bouché; toute la queftion eft donc de savoir si le nom
ainfi orthographié s'applique au peintre qui aurait deffiné
les cartons de ces tapifferies ou bien au fabricant qui les a
fait tiffer.

Toutes les tapifferies fabriquées à Lille, qui ont paffé sous
nos yeux, portent invariablement le nom des fabricants et
jamais celui des peintres.

En suppofant que les cartons de cette tenture de Psyché
soient pofitivement de Boucher, refterait à savoir s'il était
d'usage aux Gobelins de tiffer le nom du peintre au bas des
tapifferies?

Si, comme nous le croyons, cet usage n'exiftait pas, l'or-
thographe *F. Bouché*, sans *r*, plaiderait bien éloquemment en
faveur de notre artisan lillois. En présence de notre revendication conditionnelle, c'eft aux hiftoriographes compétents
de la Manufacture Royale à prononcer; il doit exifter dans les
archives des Gobelins des documents suffisants pour trancher
la queftion. Cette illuftre manufacture eft affez riche de sa
gloire inconteftée, pour reftituer, s'il y a lieu, à nos fabriques
locales, l'honneur de cette œuvre remarquable. Nous ajouterons encore que les armoiries que portent ces tentures,
armoiries que le catalogue ne décrit pas et que nous-même
n'avions pas remarquées, pourraient encore être un élément
de l'enquête. François Bouché, nous l'avons dit, était tapiffier du prince de Soubise, gouverneur de Lille; & si les tapifferies en queftion portent les armes de cette maifon, nous
aurions une raifon de plus en faveur de nos prétentions,
fondées sur le nom qui figne les œuvres ci-deffus.

Dans la notice de M. Lacordaire dont nous avons déjà parlé, nous avons vainement cherché parmi les cartons que le peintre François Boucher deffina pour la Manufacture Royale, la défignation des tapifferies en queftion.

Voici la lifte des œuvres de ce peintre, traduites en tentures par la Manufacture des Gobelins, telle que l'a dreffée M. Lacordaire. Il avait en sa poffeffion tous les documents néceffaires, il a pu par conféquent l'établir avec exactitude :

1° Neptune & Amimone, Vénus aux forges de Vulcain, Vertumme & Pomone, l'Aurore & Céphale, Vénus sur les eaux ; ces cinq tableaux, de forme ovale, s'ajuftaient dans un entourage de fleurs & d'ornements.

2° La Pêche, les Difeurs de bonne aventure, Psyché & l'Amour, Aminthe & Sylvie, les Confidences & le Secret.

3° Plufieurs petits tableaux représentant des Amours, des Jeux d'Enfants, les Génies des Arts.

Cette nomenclature, dreffée par le directeur des Gobelins, ne comprend pas, bien évidemment, la tenture de Psyché en cinq pièces, qui figurait à l'Expofition univerfelle nous sommes donc très-fondé à faire de la fignature *F. Bouché* le nom du tapiffier & non celui du peintre.

D'un autre côté, voici en quels termes M. Ferdinand de Lasterye parle de cette tenture, dans un compte-rendu de l'expofition de *l'Hiftoire du Travail* : [1]

« Comme tapifferie, nous trouvons d'abord une série de

---

[1] Revue Moderne, livraison de septembre 1867.

pièces superbes représentant l'*Hiſtoire* & *les Amours de Vénus*; l'une d'elles eſt signé F. Bouché. Ces tapiſſeries, qui appartiennent au capitaine Leyland, sont d'un deſſin & d'un travail admirables, mais la couleur en a singulièrement paſſé. »

Notre revendication en faveur de F. Bouché, l'artiſte lillois, nous paraît suffisamment fondée.

LES

TAPISSERIES DE HAUTE-LISSE.

VIII

DIX-HUITIÉME SIÉCLE.

Étienne Deyrolle, dernier fabricant lillois. — Ses descendants aux Gobelins. — Les peintres lillois. — La tapifferie des États. — Quelques fragments d'inventaires.

La fabrication de la tapifferie ne disparut pas de Lille avec François-Bouché. Une dernière tentative, qui n'avait pas un long avenir devant elle, fût faite, en 1780, par Étienne Deyrolle, pour continuer à Lille l'exercice de cette induftrie.

Comme pour ses prédécefseurs, nous devons citer une partie de sa première requête. Elle eft adressée à Monseigneur de Calonne, comte d'Hannonville, baron d'Ornes, conseiller du Roi, maître des requêtes, intendant de justice, police & finances en la généralité de Flandres & Artois.

« Supplie très-humblement, Eſtienne Deyrolle, tapiſſier de haute-liſſe en cette ville, y demeurant, disant que depuis le décès des sieur Bouché & de la dame Wernier, ayant toujours depuis lors continué la manufaĉture de haute-liſſe avec la plus grande activité, depuis qu'il eſt sorti de la manufaĉture du Roi; vue l'ingratitude du temps & le peu de commerce qui se fait, il sera obligé d'y retourner pour rejoindre son père. s'il ne peut parvenir à obtenir une récompense telle qu'on la jugera convenable. »

Par une lettre en date du 1ᵉʳ février 1870, M. de Calonne transmit la requête au Magiſtrat, en faisant observer que si les dires du suppliant étaient exacts, « il jugerait sans doute à propos de le fixer à Lille par une récompense proportionnée à ses services. »

Par une première déciſion en date du 23 du même mois, priſe conformément à l'avis du sieur Duchâteau de Willermont, procureur-syndic, qui reconnaît qu'il eſt eſſentiel de conserver en cette ville un fonds de cette manufaĉture, pour que ses habitants ne soient pas dans le cas de recourir à leurs voiſins, le Magiſtrat ordonna de faire viſiter l'établiſſement de Deyrolle.

En vertu de cette ordonnance, le 9 mars, les ſieurs Joseph-Désiré Beauſſier, du Magiſtrat, commiſſaire au siége de la bourgetterie, & Nicolas-Eugène Duchâteau de Villermont, procureur du Roi, syndic de cette ville, se transportèrent grande place de Comines, au domicile de Deyrolles et « Ils conſtatèrent l'exiſtence dans les ateliers de deux métiers battants, sur l'un desquels se trouvait une pièce achevée & sur l'autre une pièce commencée, à laquelle Deyrolle travaillait au moment de leur arrivée ; en outre un métier prêt à monter, de plus une pièce placée sur des étaux que le fieur Deyrolle raccommodait avec plufieurs autres pièces, au nombre de dix à douze qui lui ont été confiées pour être raccommodées. »

En raison de cette atteftation, le Magiftrat vota au poftulant une penfion annuelle de cinquante florins, à charge d'avoir trois métiers battants, & par une lettre en date du 18 mars, il s'empreffa de faire part à M. de Calonne de la suite qui avait été donnée à sa recommandation. L'intendant répondit avec non moins d'empreffement, qu'il ne pouvait qu'approuver cette dépense, qui avait pour objet d'encourager l'induftrie & de fixer à Lille une branche de commerce vraiment utile.

En 1782, la gratification annuelle fut réduite à trente florins, les commiffaires ayant conftaté que deux métiers seulement étaient en activité; nous n'avons, pour les années suivantes, trouvé aucun document qui put nous renseigner sur la manufacture de Deyrolle.

On a vu, dans la première requête que nous avons reproduite en partie, que Deyrolle difait sortir de la manufacture du Roy où travaillait encore son père.

La notice de M. Lacordaire que nous avons déjà citée nous révèle une amélioration capitale dans la fabrication, due à l'un des descendants de Deyrolle, le dernier haut-liffeur lillois. Voici ce que nous lisons dans cette notice :

« Dès l'année 1804 (dit M. Roard, directeur de la manufacture des Gobelins), j'avais reconnu que la fabrication des

tapifferies a des limites, qui sont celles de la palette du teinturier en couleurs solides; limites qu'elle ne doit jamais
dépaffer, fi on ne veut pas courir la chance de voir de merveilleux produits, qui d'abord en sortant de deffus nos
métiers ne laiffent rien à défirer, perdre ensuite, après quelques années de leur expofition à l'air, une partie de leur
fraîcheur & de leur harmonie. »

Beaucoup de tapifferies de l'école de David, ajoute
M. Lacordaire, présentent en effet les défauts d'accords
prévus par M. Roard, défauts qui ne procèdent pas unique-
ment des conditions spéciales des modèles, mais auffi du
mode de fabrication ; la teinturerie ne fournit pas à elle seule,
quelque perfectionnés que soient ses procédés, les moyens de
reproduire complétement & d'une manière durable, avec la
laine & la soie, les nuances légères, la transparence, les
effets fi naturels de la peinture. Après une longue suite d'effais
& de mécomptes, l'artiste tapiffier s'en eft convaincu ; c'eft
alors que, perfectionnant ses procédés de tiffage & de mélange
de couleurs, il eft parvenu, *par le travail des hachures à deux
& même à trois nuances*, à opérer de nouvelles combinaifons,
à *enter* (c'eft le mot propre) les couleurs les unes dans les
autres, & à leur donner l'accord, le soutien, la transparence
vainement cherchés jusque là, ou incomplètement trouvés.
Cette dernière évolution de l'art des tapifferies s'eft accomplie sous l'adminiftration de M. le baron des Rotours:

Le premier effai du travail *à deux nuances*, dit M. Lucas (Abel),
profeffeur des écoles de deffin & de tapifferies de la manufacture des
Gobelins, a été fait vers 1812 par M. Deyrolle (Gilbert), artifte
tapiffier de haute-liffe; le mélange des soies qu'on employait doubles

& de couleurs différentes lui en avaient donné l'idée ; il ne l'appliqua toutefois que d'une manière reftreinte ; son fils, M. Deyrolle (Gilbert), chef d'atelier, la communiqua à M. Rançon, Louis, & bientôt tous deux commencèrent à la convertir en théorie puis à l'appliquer d'une manière générale.

Lors de la suppreffion de l'atelier de baffe-liffe, en 1825, ces deux artiftes importèrent leur nouveau procédé dans l'atelier de haute-liffe, où déjà des effais avaient été faits pour mélanger deux nuances de laine, comme on le faifait pour la soie ; mais comme les laines, pour pouvoir être doublées devraient être de moitié plus fines, ce qui eût entraîné le renouvellement du magafin, ces effais n'avaient pas eu de suite.

Le nouveau procédé s'eft perfectionné en haute-liffe, mais il n'a guère fallu moins de sept à huit ans pour sa généralifation dans les ateliers ; aujourd'hui sa supériorité eft fi bien reconnue, qu'à de rares exceptions il eft le seul employé. C'eft en effet le seul mode de travail actuellement connu, qui permette d'obtenir au plus haut degré poffible :

Exactitude dans la traduction du coloris du modèle,

Accord durable dans les nuances employées,

Transparence.

M. Lucien Deyrolle, dit plus loin M. Lacordaire, employé avec quelques autres artistes tapiffiers à la reproduction d'une partie de l'hiftoire de Marie de Médicis, de Rubens, a singulièrement contribué au perfectionnement & à la diffufion de cette nouvelle méthode.

Nous devions cette citation intéreffante à la mémoire d'Étienne Deyrolle, le dernier haut-liffeur lillois.

Si les archives nous ont permis, à l'aide de documents adminiftratifs, de retracer l'hiftoire des manufactures de tapifferies qui se sont succédées à Lille depuis sa réunion à la France, elles n'ont pu malheureusement nous renseigner auffi com-

plétement sur les peintres qui ont prêté leur concours à ces
manufaĉtures. Sans nul doute, la plupart des fabricants,
flamands d'origine, ont apporté avec eux, des villes où précédemment ils étaient établis, les cartons de quelques-unes des
tapifferies qu'ils ont exécutées ici.

Quant aux tentures spéciales faites sur commande, Lille
était affez riche en peintres, pour que nos fabricants puffent
facilement se faire confectionner chez nous les patrons néceffaires. Il suffit pour s'en convaincre de parcourir le catalogue
de notre riche Musée, & surtout de lire dans les inventaires que
nous ont confervés nos archives, la lifte des richeffes picturales
que renfermaient anciennement les églises & les communautés.

Les peintres lillois : Tournemine, Philippe Devincq, J.-B.
Monnoyer, qui travailla pour les Gobelins, Arnould de
Wuez, Van Ost père & fils, Bergame, Langenghean, Roffi-
gnol, Wamps, étaient accoutumés aux grandes compofitions
hiftoriques & religieuses; les Vandenburg, père & fils, qui
peignirent pour les églifes de vaftes paysages décoratifs, ont
pu tracer les cartons des innombrables *verdures* que les Pennemacker ont tiffées pour les appartements des hôtels lillois.
Dans les tapifferies de l'église Saint-Sauveur & de l'hospice
Comteffe le style & la manière de Wamps & d'Arnould de
Wuez sont tellement reconnaiffables, qu'il eft évident qu'ils
en ont fourni les deffins. Wamps, Laurent, de l'Académie
de Paris, était un élève de Restout, qui, avec Jouvenet,
peignit pour les Gobelins des scènes du Nouveau Testament.

Il dût fournir de nombreux modèles aux ateliers de tapifferies lilloises, & peut-être même aux fabriques étrangères.

Voici ce que nous lifons dans un journal local de l'année 1761 à la fin d'une annonce de tableaux à vendre :

5° Un deffin à l'encre de Chine repréfentant Moyse avec les soixante-dix vieillards, esquiffe d'une pièce de tapifferie qui eft au Conseil Souverain de Brabant, à Bruxelles, du fieur Wamps.

Nous ne connaiffons point cette tapifferie, il nous eft donc impoffible de savoir, d'après la rédaction de cet article, s'il s'agiffait de l'esquiffe du carton d'après lequel cette tapifferie fut tiffée ou d'une copie faite par Wamps, d'après cette tapifferie antérieurement exécutée. Même dans cette dernière hypothèse, on peut penser que Wamps n'avait fait ce deffin qu'à titre de renseignement pour des travaux de même nature qu'il avait à exécuter. Nous le répétons, Wamps doit être l'auteur des tapifferies données à l'église Saint-Sauveur.

Il eft encore un nom de deffinateur de patrons pour tapifferies dont les archives nous ont conservé le nom. En 1683, le Magiftrat avait décidé « d'orner d'une boiferie & d'une belle tapifferie la grande salle d'en bas de l'Hôtel-de-Ville, » & le neuvième jour du mois de mars 1684, nous trouvons cette mention au regiftre aux Résolutions :

La loy affemblée fur ce que M. le Mayeur a fait présenter deux deffins de tapifferie pour la grande salle de l'Hôtel-de-Ville & que M. S. le Maréchal a fait connaitre & eftimer le deffein que le fieur Parent a fait ; a été réfolu de suivre le même deffein qui eft un fond bleu foncé de fleur de lys avec les armes du Roy au milieu portées par deux anges, les armes de Monfeigneur le Maréchal à la bordure d'en bas & aux deux coings de la même bordure les armes de la ville.

Mais le prix, que nous ignorons, était fi élevé que M. de

Breteuil, intendant de la province, ne crut pouvoir permettre cette dépense sans en demander l'autorifation à M. de Louvois, le miniftre effrayé lui-même, engagea le Magiftrat à différer l'exécution de cette tapifferie.

On voit sous quelle tutelle la ville était alors placée ; le *veto* du gouverneur fut du refte, cette fois, une chose heureuse, car quelques années plus tard, en 1700, le feu prit à l'Hôtel-de-Ville à la suite d'une représentation de Médée, donnée en l'honneur du gouverneur (le théâtre étant alors dans l'Hôtel-de-Ville), la grande ¦salle et tout une aîle de ce monument furent détruites par l'incendie.

On configna l'évènement dans deux chronogrammes, compofitions fort à la mode à cette époque :

pɛLLE CoMɛDos.

ɛCCɛ MɛDɛa.

qui rappellent la date faṭale de 1700.

Du refte, fi cette tapifferie ne fut point exécutée pour la Ville, les baillis des quatre seigneurs hauts-jufticiers de la Châtellenie la firent plus tard tiffer pour leur compte, afin de décorer la salle des États. Le carton subit en conséquence quelques modifications dans la bordure ; aux armoiries de la Ville on substitụa aux quatre angles les armes des seigneurs de Phalempin, de Cysoing, de Wavrin & de Comines, qui étaient les quatre hauts-justiciers de la châtellenie. Cette tapifferie, remarquable de deffin & d'exécution, s'eft égarée dans le Musée légué à la ville de Bailleul, qui malheureusement en a fait, pendant trop longtemps, un tapis de pied ;

nous espérons l'avoir , pour l'avenir, préservée d'un tel outrage en appelant sur elle l'attention qu'elle mérite.

Les anges qui soutiennent les armes de France sont d'un deſſin très-pur , & l'encadrement d'une richeſſe de décor & d'un goût admirables; le soleil, emblème de Louis XIV, resplendit au centre de la bordure du haut, le globe terreſtre forme le pendant dans la partie inférieure. C'eſt, après les tapiſſeries de l'hôpital Comteſſe, actuellement à Saint-Sauveur, le type le plus remarquable sorti des ateliers de Guillaume Wernier.

Comme complément à l'hiſtoire que nous venons d'écrire, nous croyons devoir joindre certaines déſignations de tapiſſeries relevées par nous dans quelques-uns des nombreux inventaires ou procès-verbaux de ventes mobilières que conservent nos archives municipales.

Inventaire des meubles appartenant à la ville de Lille
1768[1] :

Chambre aux viſitations de procès :
Deux pièces de tapiſſeries de haute-liſſe sur laquelle eſt inscrite *Cléopâtre.*
Chambre secrète dite aux Déjeûners :
Une tapiſſerie de haute-liſſe antique repréſentant *Antonius*, etc.
Dans le grenier :
Une tapiſſerie de haute-liſſe servant pour les proceſſions.

(1) Affaires générales , carton N° 477.

Inventaire & vente des meubles du maréchal d'Humières (1694):

Salle à manger :

Cinq pièces de tapifferie d'haute-liffe compris une pièce non
attachée, eftimées . . . . 260 fl.

Antichambre :

Deux pièces repréfentant une verdure . . . . 180 fl.

Chambre de la Maréchale :

Six pièces représentants *les Arts libéraux* [1] . . . . . . 900 fl.

Antichambre :

Trois pièces représentants des animaux. . . . . 80 fl.

Cinq pièces tapifferies de Bruxelles à perfonnages . . . 200 fl.

Vente des meubles du maréchal de Boufflers :

Une tapifferie de haute-liffe . . . . 430 fl.

Quatre pièces de haute-liffe en or & en argent . . . . 2,300 fl.

Un dais complet avec tapifferies aux armes & aillances,
avec attributs & dignités de feu M. S. le Maréchal, deux
portières de haute-liffe aux armes de M. S. le duc de Boufflers, le tout repris par la ducheffe douairière . . . . .   »   »

Une tapifferie de haute-liffe représentant *l'Hiftoire de
Saint-Jean* en six pièces . . . . 4,000 fl.

Un grand lit & quatre colonnes de velours cramoisy
brodé d'or & d'argent par bandes, doublé de satin auffi
bordé & cordonné d'or & d'argent. six fauteuils, deux
pliants, un écran de bois doré, le fond & doffier d'un petit
canapé & deux portières. . . . . 12,000 fl.

---

(1) D'après Corneille Schut, nous avons parlé de cette tapisserie dont les dessins sont
conservés à Lille.

Ce dernier article eſt un peu en dehors de notre sujet, il nous a paru curieux de le reproduire comme spécimen du luxe de l'ameublement à cette époque.

Il nous aurait été facile de multiplier les citations de cette nature, en compulſant tous les inventaires qui abondent dans les archives, généralement, les indications sont trop sommaires pour servir utilement à l'hiſtoire de la fabrication locale; il en eſt de même des inventaires des égliſes & des communautés.

Ce qu'il faudrait conſulter, ce sont les comptes de ces établiſſements, mais ils nous font défaut. Le plus souvent même les tapiſſeries que poſſédaient les églises étant des legs pieux ou des donations des paroiſſiens, les inventaires les mentionnent sans détails, & par conséquent sans profit pour l'hiſtoire.

Un fragment des comptes des marguilliers de l'église Saint-Étienne (année 1749), exiſtant dans les archives municipales de Lille, établit que chaque année, le jour du Saint-Sacrement, on tendait le grand portail de l'égliſe de tapiſſeries de haute-liſſe, & que, pendant l'octave de la Fête-Dieu, la nef & le chœur étaient entièrement décorés de tentures du même genre. La pièce qui suit, retrouvée au dernier moment dans les cartons de la Chambre des Comptes, nous renſeigne sur la nature des tapiſſeries qui compoſaient cette décoration :

31 juillet 1518. — A tous ceulx, etc., etc., Eschevins de la ville de Lille, salut. Scavoir faisons que aujourd'hui par devant nous comparurent Henri de Tenremonde, Phe Morel, Pierre de Le Flye, Nicolas Morel, Pierre Cardon & Gilles Bridoul, margliſſeurs de l'égliſe paroiſſiale de Saint-Étienne, lesquels pour aucunemeut recongnoiſtre

envers M. S. M⁰ Jehan Ruffault, Seigneur de Noeufville, c^er et trésorier g^al des finances du Roy Catholique, n^e sire, les dons et avan-
chemenss par lui fais à la dite églife de quinze pieches de fine tapifferie ouvrée de laifne et de soie, où eft figurée la vie et paffion de mon
dit s^r Saint-Étienne, aveeq ung riche drap d'or d'autel et les gour-
dines y servant de taffetas vermeil, et adfin de rendre icellui S^r plus
enclin à faire encore aultres biens à icelle église, ont promis et promettent, etc., etc., ete., etc.

Suit la conceffion de deux fièges dans l'église pour la femme
& les enfants du donataire. Sans nul doute, ces tapifferies
avaient éte tiffées dans les ateliers lillois, fi importants à cette
époque.

L'attention que nous appelons sur les produits de nos fabriques, en publiant le nom des artifans qui ont pendant quatre
siècles exercé cette induftrie dans nos murs, aura inévitable-
ment pour résultat de faire retrouver parmi les tapifferies qui
ont échappé aux ravages du temps, plus d'une pièce sortie des
ateliers lillois, &, en effet, depuis que nous avons commencé
cette étude, de toute part on nous a fignalé des tentures qui
portent les armes de la ville & le nom des fabricants dont
nous avons efquiffé l'hiftoire. Nous croyons pouvoir conclure
en difant que notre ville peut réclamer sa part de renommée
dans la fabrication des célèbres tapifferies flamandes.

LES

TAPISSERIES DE FLANDRE.

APPENDICE.

DOCUMENTS DE LA CHAMBRE DES COMPTES
A LILLE.

Nous réuniffons ici quelques documents relatifs à l'hiftoire générale des tapifferies de haute-liffe. Si ces documents, que nous avons recueillis en pourfuivant nos recherches dans le riche dépôt des Archives départementales, ne s'appliquent pas à notre induftrie locale, ils intéreffent les fabriques cé- lèbres de la Flandre & font connaître le nom des maîtres ouvriers qui ont fabriqué les produits difféminés dans toute l'Europe.

Nos premières citations, sauf deux exceptions, commencent à la date à laquelle M. de Laborde a arrêté ses recherches, c'eſt-à-dire à l'époque où la Flandre paſſa sous la domination de la Maiſon d'Autriche.

On trouvera dans ces extraits, non-seulement les noms des fabricants les plus renommés, mais encore la liſte de toutes les riches tentures qui paraient les palais de Bruxelles & de Madrid. — Quant aux noms des peintres, ce n'eſt que très-exceptionnellement que les articles des comptes les enregistrent à côté de ceux des tiſſerands qui reproduiſirent leurs patrons sur leurs tentures; mais les tapiſſeries qui ont survécu laiſſent aſſez facilement deviner les artiſtes qui les ont deſſinées, tandis que les révélations des comptes peuvent seules faire connaître les artisans habiles qui les ont tiſſées.

Les peintres italiens, pour donner la meſure de leur talent, avaient les grandes peintures murales, les fresques qui s'étalaient sur les murs des palais & des égliſes; en Flandre, où ce genre de peinture ne fut jamais pratiqué, c'eſt dans les vaſtes compoſitions destinées aux tapiſſeries que les artiſtes déployèrent les reſſources de leur imagination, & ils trouvèrent, dans presque toutes les villes du pays, des artifans capables de reproduire leurs œuvres, sans les défigurer; auſſi les tentures de haute-liſſe sont-elles reſtées une des gloires incontestées de l'école flamande.

Ordonnance de paiement.

1464.[1] Philippe, duc de Bourgogne, de Brabant, &c, &c, maistre Jean Schareel n° secrétaire et garde de notre Espargne, nous voulons & mandons que des deniers de nostre dite Espargne vous paiez, bailliez & délivrez à Pasquier Grenier, m^d de tapisseries, demeurant à Tournay, la somme de quatre mille escus d'or de XLVIII gros, à lui par nous deue pour les tappis cy après déclairés que nous avons prins & achaté de lui, premièrement six grans tappis de murailles pour eglise, richement faicts & ouvrées de fil de laine de soye d'or & d'argent, esquels VI tappis est contenu & historiée la Passion de Notre-Seigneur selon les saintes évangiles & est la dite passion escripte par dessus les personnages de lettres d'or sur rollets de noir en latin, & sont les mos des saintes évangiles & contiennent les dessus dis tappis cinq cens aulnes a launée quarrée ou environ; item une chambre de tapisserie ouvrée de fil de laine & de soye contenant neuf pièces six quarreaulx & ung bancquier, assavoir une couverture de grant lit, ung chiel, ung dossier, une couverture de couchette et ung dossier pour ladite couchette & quatre pièces de murailles toute emplye de bosquaille & de verdure & partout esdites pièces sont plusieurs grands personnaiges comme gens paysans & bocherons lesquels font manière de ouvrer & labourer ou dit bois par diverses façons, & contenant en dessus dites neuf pièces bancquier et carreaulx trois cens cinquante aulnes, &c, &c. Donné en nostre ville de Bruges le XXII jour d'avril, lan de grace mil cccc soixante & unq après Pasques.

Pour monseigneur, Pierre Milet.

---

(1) Cette ordonnance de paiement, antérieure à 1482, qui appartient aux comptes de l'Épargne, n'a pas été connue de M. de Laborde, elle intéresse au plus haut point les fabriques de tapisserie de la ville de Tournai, notre voisine. Elle est extraite des Archives de la Chambre des Comptes (carton joyaux, meubles).

Quittance.

1466. Jean le Haze, tapiffier, demeurant à Bruxelles[1] confeffe avoir
receu de Mᵉ Triftran Janneron la somme de quatorze cens
onze livres vii sols de xʟ gros de refte de la somme de deux
mile cent trente une livres sept sols pour et à cause de huit
pièces de tapifferies de verdures que par commandement de
M. S. j'ay faiĉtes et délivrées à Regnault Aubery, son varlet
de chambre, les six pièces pour servir à tendre muraille,
une pieche pour servir à dreschoir, et une pièce pour faire
bancquier, ouvrées de fillés d'or, d'argent et de soye et le
champ de fin filé de layne et au milieu de chascune des
dites pièces a les armes et le heaulme au timbre de M. d. S.
d'ouvrage d'or, et en chascun quarré en chascune d'icelles
pièces sa devise du fusil et entre les dis fusils quatre paires
de caillous accouplés auffi d'ouvrage d'or, les quelles huit
pièces sont de quatre cens neuf aulnes trois quartiers au
pris de cent quatre sols de ii gros, chascune aulne quarrée
qui monte à la dite somme de iiᵐ cxxxi viiˢ de xʟᵍʳᵒˢ

Tesmoing le saing manuel de Mᵉ Guillaume Domeffent,
secrétaire de M. d. S le duc cy mis à ma requeste le xviiiᵉ
jour de juillet, l'an mil quatre cent soixante six.

Recette Générale des Finances.

1496. A Isabeau, Maire, vesve de feu Antoine Mikelot, en son vivant
brodeur de tapisserie de M. d. S. [2] pour l'ouvrage, façon
& estoffe de broderie de deux chambres de sayette, l'une

---

(1) Nous avons établi page 30, que Jehan le Haze avait été reçu bourgeois de la ville
de Lille dès l'année 1461.

(2) A l'époque même où l'industrie de la haute-lisse était dans tout son éclat, on faisait
encore des tentures en broderie et nous avons cru utile de reproduire quelques mentions
relatives à cette industrie rivale.

rouge & l'autre verde, — pour ladite chambre rouge huit pièces de murailles, ung bancquier et les gouttières du chiel, toutes les quelles pièces sont semées & broudées de raincheaulx de diverses couleurs, montant à la quantité de xiic ix raincheaulx; — & la chambre verde neuf pièces de murailles brochies de *l'histoire du roi Priam* semées & brodées de dains et grandes fleurs. Ensemble. . iiic xxii[l] xvi[s]

1497. A Franck de Houwene, tapissier à Bruxelles, pour avoir refait une riche tapisserie *du Pape* qui estoit rompue. xviii[l]

1497. A Pierre Denghien, tapissier à Bruxelles, pour une chambre de tapisseries à *personnes de Bregiers & Bregieres* & une salette à personnages de *Bocquillons* . . . . m iiii[l] vi[s]

— A Jehan Dupont, tapissier à Bruxelles, pour achat de tapis de mulets armoyés . . . . c iii[xx] xvi[l]

1499. A Jean Van Brugge, tapissier à Bruxelles, pour avoir remis à point un grant tappis à or & soye de *la bataille de Liège.*

lii[l]

1501. A Collard Bloyart, tapissier, demeurant à Tournay, pour iiii grandes pièces de tapisseries contenant iic ix aulnes, où il y a plusieurs nouvelles histoires *à personnages* fais de soye à manière *de bancquets* . . . . iiiic xxxxii[l]

1502. A Jehan, marchand broudeur, demeurant à Bruxelles, pour la fachon de son mestier d'avoir refait & remis à point xi pièces de murailles de soye rouge, les cinq semées de personnages de brodure servans à la riche chambre de *Haynaut* & les autres six semées de branches & personnaiges de brodure servans à la riche chambres *d'Utrect*, qui estoient fort adomagiées . . . . lxvi[l]

1504. A Jean Grenier, tapissier, demeurant à Tournai, pour iiiic xxxvi aul. de tapisserie bien richement faicte à la manière de *Portugal & de Indie* pour icelle envoyer en France à

M. S. de ville que estoit lors en embassade illec pour le
présenter en don à aucun seigneur de France dont n'est
besoin icy faire déclaration . . . . . . vɪɪᶜ ɪɪɪɪˣˣ ɪɪɪɪˡ

— A Philippe Van Horne, demeurant à Audenarde, pour une
tapisserie de *verdure* . . . . cxvɪˡ

— A Adam de Cupère, mᵈ tapissier à la feste d'Anvers, pour
vɪɪɪ grandes pièces de tapisserie, assavoir : les ɪɪɪɪ de *l'istoire
du roi Nut*, contenant ɪxˣˣ vɪ aul. à xxɪɪɪɪᶜ ɪɪᶜ xxvˡ & les ɪɪɪɪ
de *l'istoire de hercules* contenant vɪɪɪˣˣ a. xxxᶜ pour envoyer
à deux généraux de Picardie, serviteurs du roi de France.
ensamble . . . . ɪɪɪɪᶜ ɪxvˡ

1505. A Mathieu Legrand, tapissier à Béthune, pour ɪɪ grans tappis
& ung bancquier de drap sur chacune des quelles pièces
sont les armes du roi des Romains et du roi notre sire &
plusieurs chiens qui rongent oz . . . . cˡ

— A Jehan Grenier, à Tournai, pour vɪ grandes pièces de tapisserie richement ouvrées de *l'histoire du bancquer* contenant
ɪɪᶜ ɪx aul. au prix de xɪɪɪˡ; une chambre faicte de personnaiges
de vignerons, ɪɪɪɪᶜ x aul. a xxxˡ; une chambre aux personnaiges *de bocherons* contenant ɪɪɪᶜ xx aul. à xxxˡ — vɪ grans
tappis velus de Turquie contenant ɪɪɪɪᶜ xx aul. à xxxvɪₛ

ɪɪᵐ ɪɪɪɪᶜ xxɪɪˡ

1510. A Pierquin Derinne, Pierre Van Opponem, Franchois Hoen,
Jehan Van der Brugghe, ouvriers de tapisserie [1] pour réparations aux tapisseries ci-après :

Sept pièces de *la destruction de Troye*, — trois pièces du
Pape à or, — six pièces de *l'istoire d'Hannibal*, — cinq
pièces de la *bataille de Roesbeck*, — sept pièces de *l'histoire*

(1) Nous ne prenons de ce long article que le nom des ouvriers et celui des tapisseries
sans entrer dans le détail des refections.

du roy Loys, — trois pièces de *l'istoire du roy Galafre*, — deux pièces à or des XII *pers de France*, — une pièce à or *de la nativité N.-Dame*, — une pièce à or de *Sainte-Anne*, — trois pièces de *S.ᵗ-Jehan l'évangéliste*, — trois pièces à or de *l'istoire de Leurin?* — une pièce à or de la *fontaine de Jouvence*, — une pièce à or du *Trespas de Nostre Dame*, — deux pièces à or de *Goddefroid de Billon* (de Bouillon), — une pièce à or de *Charlemagne*, — deux pièces des *neuf preux*, — cinq grandes pièces de *l'Apocalipse*, — trois pièces à or nommées les *tappis d'honneur*, — deux pièces à or *les sept péchés mortels*, — une chambre appelée la *chambre de Bourgogne*.

1510. A Jehan Pissonnier, mᵈ de tapisserie, pour VIII pièces du *Triomphe de Julius César* pour servir en salle, contenant ensemble IIIᶜ auł. & demye, — pour une histoire de *gens et de bestes sauvaiges* à la manière de *Calcut*, contenant IIIᶜ IIˡ auł. — une autre chambre de toutes choses plaisantes de *chasse*, *volerie* et autrement contenant IIᶜ IIIIˣˣ XIX auł. reviennent toutes ces parties . . . . . . XIIIIᶜ LXˡ

1514. A Pierre Van Alst, tapissier à Bruxelles, pour réfections, assavoir :

L'histoire du roi Pépin, — *l'histoire des empereurs & rois obéissant au Pape & à l'église*, une grande pièce à or des IX *preux*, — une de *l'histoire de tous prophètes*, — une de la plus anchienne *histoire de Charlemagne*, — une de *Alexandre*, — deux pièces à or à tout *les armes de Hollande* où il y a au milieu *une haye d'or* où les dites armes sont dedans encloses, — une du *jugement des âmes*, sont ensemble. . . . . IIᶜ LXXIIIˡ

1520. A Gabriel Van den Tombe, tapissier, pour XVI pièces de tapisseries dont les VIII sont de *l'histoire de Perseus* et les autres huit de *chasse* et *volerie* et ensemble Vᶜ LXXV auł. à

LVI^s et pour xv autres pièces de moindre tapisserie de *Berghiers* et *Bocquillons* contenant IIIe IIII^{xx} au à LXI^s sont ensemble . . . . II^m IX^l

1522. A Pierre Van Aest, tapissier à Bruxelles, pour tapisseries que M. S. doit mener en Espaigne :

Sept tappis de *l'istoire de Troye*, contenant IIIe L aul.^s XIV pièces de *lhistoire de Noel*, contenant IIIIe XXVII^l à III,

II^m XX^l

Pour VI tappis de *lhistoire indienne à oliffans & jeraffes*, pour en tendre une salette contenant IIIe IIII^{xx} XVII aulnes à XXXVIII^s . . . . VIIe LIIII^l VI^s

1529. A Jacques de Hoochboosch, tysseran de nappes, demeurant à Malines, pour une nappe de vingt-quatre aulnes de long et quatre aulnes et demye de large, au milieu les armes d'icelui seigneur (Charles-Quint) d'unq costé St-Andrieu et de l'autre St-Jacques avec quatre fusils et la devise *plus oultre* ès quatre pointes, et cinquante armes des chevaliers de l'ordre selon que au dernier chapitre tenu à Barcelone ils estoient, chacun en ung parquet faict à l'anticque avec l'ordre, allentour, la dite devise *plus oultre* dessoubz icelles armes, assavoir, celles des roys couronnées, celles des ducs avec chappeaulx de duc, celles des comtes avec le chapelet des comtes, et les aultres avecq cheyntures ou laz, et aussi pour trois douzaines de serviettes en longueur chacune deux aulnes en largeur de quatre quartiers et demy et en chacune les plaines armes du seigneur empereur deux fois, avecq la thoison à lentour, qui sont l'une contre l'autre afin que quand lon serviroit à table les armes fussent toujours droites devant et derrière; pour fachon et patron[1] . . . M L^l

[1] Cet article, relatif à la fabrication du linge damassé destiné à la table principale du banquet de la Thoison-d'Or, est un peu en dehors de notre sujet, mais il montre que la fabrication du linge de table était aussi avancée que celle des tapisseries.

1529. A Pieter de Pennemacker, Jehan de Hamer, Van Ophonem
et un nomme Zacharias, pour VIII^c LXXI jours pour réfectionner la tapisserie de *Gédéon* [1].

— A Adrian Van Ghiesberghe, painctre, demeurant au dit
Bruxelles pour patrons pour la dite tapisserie contenant
XXXVIII aulnes à VI^s laulne . . . . XI^l VIII^s

1531. A Pieter de Pannemacker, pour une riche pièce de tapisserie
d'or d'argent et de soye, contenant XXVIII aul. ou est *la cène
que N. S. feist à ses appostres le blanc jeudi* qu'il avoit vendu
à lempereur à XXXVIII^l de XL gros l'aulne . . . M XXVI^l

1534. A Pierre de Pennemacker pour VI^{xx} tapis de mulets armoiés
des armes de lempereur, longs de IIII aulnes et larges de
III aul. et demye. . . . . II^m IX^c LX^l

1535. A Jean Van Maelborch, broddeur pour avoir broudé des armes
du bon duc Philippe, ensemble d'aucunes belles histoires
trois aornements d'églises (envoyés à Dijon) . . IX^c XXI^l

1541. A Hendrick et Guillaume de Pannemacker, pour réparation
aux tapisseries de l'histoire *du roy Clovis & de Clotidès sa
femme*. . . . . CXX^l

1543. A lui pour réfection et retoupage de plusieurs traus à ses
grandes et hautes pièces de tapisseries de salle de *la bataille
de Liège* . . . . II^{c l}

Pour réfection d'un bien grand tappis de *l'arbre de Jessé*.
IIII^l

Pour avoir retoupé une fort grande et riche pièce de
tapisserie servans en chapelle de *listoire de Joseph le juste*.
XX^l

---

(1) Dans les articles qui ne concernent que des réparations, nous ne citons que les
tapisseries dont nous n'avons pas encore donné la designation.

> Pour réfection de *l'istoire du purgatoire* . . . . . viii^l
>
> *Des sept éages.* . . . . xx^l

1545. A Jehan Dermoyen, en tant moins de la somme de dix mille
livres dont avoit esté convenu avec lui pour lachapt de viii
pièces de tapisserie d'or, d'argent et de soye de *l'histoire de
Josué* que M. S. a fait prendre et acheter de lui le xiiie jour
d'octobre xv^c xliiii. . . . . ii^m v$^{c\,l}$

1555. A Symon de Parenty pour achat de thoille cyrée, linge et
canevach nécessaires pour empacqueter les douze pièces de
tapisserie *de Thunis* que sa majesté avait fait faire pour les
envoyer ou quil plairait [1] . . . . cxlii^l

1556. A Jehan Duquesne pour xx jours de ses vacations et avoir eu
regard sur les couturiers, d'avoir tendu les tapisseries et
avoir fait tendre et redonner couleur à deux tentures de
tapisseries de *Agamemnon & de Psichée*, appartenant au
Roy, contenant ensemble vi^c xlv aulnes, par Guillaume
de Pannemacker à raison de xviii^d laulne, font xlii^l vii^s vi^d

1557. A Estienne Peperman, Loys de Mestre, Henri Van Onniwre-
ken, Franchois Meurtz, Jehan Bogaertz, Joes Orleur,
Pierre Schuere et Gilles Van der Heyden, pour nettoyer
et estoupper plusieurs pièces de tapisseries . . xxxvi^l xv^s

1571. A Franchois Guebels, tapissier, demeurant à Bruxelles, pour
avoir livré par ordonnance de sa majesté douze pièces et
deux portes de tapisserie de *l'histoire de Sampson*, contenant
iii^c xxi aulnes au pris de iiii^l x^s dont il a esté fait don à
l'archevesque de Treves et pour thoyle cyrée et corde pour
empaqueter la dite tapisserie . . . . . . xiiii^c liiii^l xii^s

---

(4) Une lacune dans les comptes ne nous a pas permis de trouver le nom du tapissier
qui tissa ces tentures célèbres, où Charles-Quint avait fait représenter ses victoires.

— A Jehan Rigau et son fils , tapissiers , pour LXI jours emploiés à restaurer et réparer certaines pièces de tapisserie appartenant à sa majesté . . . . XLIX^{l}IIII^s

— A Gilles de Bouturle, Loys Dupré et Guillaume Mense pour XXV jours quils avoient vacqué au même travail. x^l

1576. A Guillaume de Pannemackere, tapissier de sa majesté en tant-moings et à bon compte à cause de cent tappis de mulets quil avoit mis en œuvre pour envoyer en Espaigne.
VIII^c^{l}

1586. A Gertrude Waghenans vesve de feu Jehan Breuckelinck tant pour elle que pour Jehan et Guillaume Breuckelinck , ses enfants , pour avoir restouppé et raccoustré les tappis de sa majesté. . . . . III^c XLII^l

1593. A Charles de Rouel , m^d à Anvers , pour douze pièces de tapisserie de velours cramoisi ricamé ? de toille et cordes dor et tocqué d'argent avec les armes de feu de très-haute mémoire lempereur Charles le quint et le colier de la thoison d'or allentour, couronnées de la couronne impériale au premier et dernier coing de chascune pieche et la devise *plus oultre* , au second et troizième coing , et la lettre K en divers endroits dicellui bord ; item le dosseret et le ciel ayant trois gouttières de velours cramoisy double ouvrées de brodure dor et grains d'argent avecq frainges d'or et deux tapits de table de même sorte contenantes en tout II^{c}IIII^{xx} IIII aulnes mesure d'anvers. . . . . x^m v^c LXIIII^l

— A lui pour le pris de la riche tapisserie de drap d'or bleu et rouge frizé et tout à lentour et au mitant en forme de piliers , les bordz de velours bleu ricamé de broderie d'or et d'argent en figures de trophées d'armes achaptée du dit Charles de Rouel pour le service de la court de sa majesté en cette ville de Bruxelles contre la venue de M. S. l'archiduc Ernest d'Auctriche en nombre de XII pièces III gouttières et deux tapitz de table . . . . XVIm v^c^{l}

1594. A Carlo Ruelli[1], m^d à Anvers, pour un riche lict de champ
      le fond de velours cramoisy avec les cortinaiges de drap d'or
      et soye cramoisy avecq les rondeaulx figurés d'hommes et
      femmes, paysages et comparquements artifficiels et indus-
      trieulx contenant en tout xv pièces comprise la couverte du
      lict composée de divers comparquements à pennaches de
      paon et broderies . . . . vii^m v^c l

1596. A Franchois Swertz, m^d de tapisseries à Anvers, pour ii
      chambres de fine tapisserie de la haulteur de cinq aulnes
      la première de huit pièces *de Pomona* et la deuxième chambre
      de six pièces des *sept merveilles du monde*, ensemble iiii° v
      aulnes au pris de xi^l vi^s . . . . iiii^m v^c lxxvi^l

    — A lui pour ix pièces de tapisserie *à Boscaige* ouvrage d'aude-
      narde. . . . . xi^c ii^l

    — A Jehan Breuckelinck et Guillaume Diericx, tapissiers,
      pour enluminer et dépeindre v pièces *de l'apocalypse de*
      Saint-Jehan. . . . . c vii^l

1599. A Pierre Van den Trille, m^d, demeurant à Anvers, pour deux
      chambres de tapisseries vendues à leurs altesses[2], l'une à
      boscaige avec poésie, contenant viii pièces et ii^c xxiiii aulnes
      à xii^l v^s et la seconde avecq *les sept planètes* contenant viii
      pièces et ii^c xxiiii aulnes à xii^l reviennent y compris pacque-
      taige et transport à Bruxelles . . . . . v^m iiii^c lxv^l

    — A lui pour une chambre de tapisserie de *l'enfant prodigue*
      contenant ii^c xxv aulnes à xii^l x^s . . . . . ii^m vi^c xii^l x^s

1603. A Denys Van Alsloot, painctre sur et à bon compte des patrons
      de tapisserie de sayette appelée *brotesque* (grotesque) semée

---

(1) Charles de Rouel était-il flamand ou italien?
(2) Albert et Isabelle.

de quelques fleurs de soye fine que Leurs Altesses avoient
fait faire . . . . iiii^{xx} x^l

— A Jacques Tserraets, m^d tapissier, demeurant à Bruxelles,
à bon compte du coust des dites tapisseries . . . v^{c l}

1604. A lui pour parpaye des xiiii^c iiii^{xx} xviii^l xv_s à quoy montoit le
coust d'une tapisserie contenant viii pièces de iii aulnes et
demye de profondeur et en tout cxxxvi aunes un quart à
raison de xi^l l'aune . . . . ix^c iiii^{xx} xviii^l xv^s

— A Loys Van Alsloot, painctre, pour la parpaye de v^c lvi^l que
leurs majestés avoient tauxé audit Denys Van Alsloot, tant
pour la façon de ii pièces et demye de tapisserie appelée
Grotesco, que pour les premiers monstres patrons et inventions du dit ouvraige . . . . iiii_clxv^l

1605. A la vesve de Jacques Guebels pour l'achapt de xiii pièces de
tapisseries de *l'histoire de Josué*, ouvrée de soye et filet fin
estant chascune pièce de v aul. de hauteur, iii^c iiii^{xx} v aul.
à xix^l laulne . . . . vii^m iii^c xv^l

— A elle pour vii pièces de tapisserie de soye et sayette de *l'his-
toire de troie*, i^c iiii^{xx} v aul. à xviii^l. . . . iii^m iii^c xxx^l

1607. Pour achapt de xxix pièces de tapisserie contenantes les
histoires de *Polmona, Paris* et *Helena, destruction de Troie*
et *jardinage*, ensemble ix^c iiii^{xx} x aulnes trois quarts à ix^l.
viii_m ix_c iiii^{xx} vii^l

— A Jehan Van der Goes et frères, m^{ds} résidens à Anvers, pour
ii chambres de tapisseries pour l'hostel de Leurs Altesses,
l'une de *l'histoire de Scipion*, huit pièces ii^c l aul. à xviii
l'aul. et lautre de *l'histoire de Hannibal*, vi pièces ii^c xxxiii
aul. au pris de xiii^l, ensemble compris transport vii^m v^c lii^l.

1607. A Guillaume Toens, ma tapissier à Bruxelles, pour viii pièces
de tapisserie ouvrée de soye et sayette de *l'histoire de Cons-
tantin*, ii^c xxv aul. à xviii^l. . . . . iiii^m cl^l

— A Catherine Van den Eynde, vesve de feu Jacques Guebels, en son vivant m^d tapissier à Bruxelles, pour viii pièces de tapisserie ouvrée de soye et sayette de *l'histoire de Cleopatra* iii^c xxvii aul. à xii^l . . . . iiii^m cxlvii^l

— A elle pour huit pièces de *l'histoire de Alexandre le Grand*, ii^c xxv aul. à xv^l . . . . iiii^m vi^c l^l

1608. A Gerard Bernarts, m^d tapiffier à Bruxelles, pour viii pièces de tapifferies, ouvrées de soye & layne en forme de *galerie* contenant ii^c xxv aul. à xviii l'aul . . . . . iiii^m l^l

1609. A lui pour viii pièces de tapifferies en forme de *galeries*, contenant iiii^{xx} v aul. à xviii^l . . . . . . iii^m iii^c xxx^l

— A Martin Reynbout, tapiffier à Bruxelles, pour vii pièces de tapifferies de soye et de laine de *l'histoire de la triumphe de Petrarca*, contenant iiii^{xx} v aul. à xvi^l . . . . iii^m lii^l

1611. A Jehan Van der Goes et frères, m^{ds} négociants à Anvers, pour une chambre de tapifferie garnie d'or et d'argent de *l'histoire de Scipion*, contenant en largeur iiii^{xx} vi aul. et en quarraux v^c xvi aul. au pris de lxxv^l l'aune à payer en iiii années. xxxviii^m vi$^{c\,l}$

1611. A Martin Reynboultz, m^d tapiffier à Anvers, pour xii pièces de tapifferies de soye et de sayette de lhistoire de *Galeries et figures de Pomena*, contenant iii^c liiii aulnes à xviii^l vi^m clxxiii^l

— A Antoine Van Zurch et Martin Remboutz, assavoir : audit Zurch, pour vi pièces de tapifferies de *Turquie* de différents ouvrages et coulleurs, iiii^{xx} x aul. à v^l x^s iiii^c iiii^{xx} xv^l et à Martin Remboutz, pour deux chambres de soye et sayette de *l'histoire de Pomena & galleries*, iiii^m xxv^l, ensemble iiii^m v^c xxii^l x^s

1613. A Catherine Van der Eynde et Jean Raes, pour xiii pièces de tapifferie d'or, de soye et de layne, contenant iiii^c xvi aul. dont ii^c xxii aul. de *l'histoire de Diana*, au pris de xliiii^l et les ciiii^{xx} xiiii aul. de celle de *Noé* au pris de xiiii^l x^s.

xii^m v^c iiii^{xx} i^l

— A François Swrertz l'ainé, m^d tapiffier à Bruxelles, pour ii^{c} xxv aul. de tapifferie ouvrée d'or, de soye et de layne, de *l'histoire de Josué*. . . . . xi^m iiii^c lxxv^l

1614. A Gérard Bernaerts, m^d tapiffier, pour viii pièces de tapifferies de *boscaiges & figures poetiques*, ii^c xxiii aul. trois quartiers à xii^l l'aulne . . . . ii^m vi^l iiv^{xx} ii^l

— A Martin Remboutz, pour viii pièces de soye et de layne de *l'histoire de Galarias & Pomona*. . . . . iii^m ix^c xv^l

1615. A lui pour viii pièces de *lhistoire de Troie*, ii^c xxiii aul. et trois quarts à xiii^l . . . . ii^m ix^c viii^l

— A Laurent de Smidt, m^d tapiffier à Anvers, pour viii pièces ouvrées en or, argent, soye et sayette, de *l'hiftoire de Pomona*, iiic ix aul. au pris de xlviii^l. . xvii^m iiii^c iiii^{xx} v^l

1617. A Jean Van Cudtsem, tapiffier à Bruxelles, de grace especiale.

cl^l

1620. A Jean Raes, maistre tapiffier à Bruxelles, pour achat de xv pièces de tapifferies représentant *les actes des* xii *apostres*, pour servir en l'eglise des religieuses descalcées au dit Bruxelles, contenant viii^c xxix aunes et demie au pris de xvi^l. . . . . xiii^m ii^c lxxii^l

1628. Aux doyens anciens maistres et suppots du mestier des tapissiers, en la ville de Bruxelles, la somme de trois mille cent vingt cinq livres de xl gros, que sa majesté par ses lettres patentes du sixième d'aoust seixe cent vingt six, leur at accordé de grace spéciale par forme de *mercede* et *adyuda de*

costa, pour interest de la somme de cinquante mille pareilles
livres qu'ils ont levée pour l'entretien de leur mestier, et ce
pour le temps et terme de trois ans au foeur (intérêt) de six
et un quart pour cent— pour l'interet de la seconde année[1].

III^{l.} cxxv^l

En marge : Par quittance signée Van der Dole et H.
Martens, doiens et anchiens maistres du dit meftier conforme
au texte.

1631. A Jean Raes, m^d de tapifferies, dem^t à Bruxelles, pour une
chambre de tapifferies par lui livrée pour le seigneur de
Butrieu, ambassadeur du roy très chrestien présentement à
à la court de Bruxelles . . . . III^{m l}

1634. A Alberto Knop, tapiffier major de l'hostel de feue madame la
Sereniffime Infante pour semblable somme par lui employée
en achapt de huit pièces de tapifferies présentées de la part
de Sa Majefté au Nonce de Sa Sainteté à son partement
vers Rome . . . . II^m III^c IIII^{xx} xI^l

1642. Aux doyens anciens maistres et communs suppots du mestier
des tapiffiers de cette ville de Bruxelles, la somme de douze
cents livres formant la moitié de celle de deux mille quatre
cents que Sa Majefté par ses lettres patentes du troisième
jour d'octobre seize cent trente neuf leur at accordé par an
pour le terme de trois ans à en eftre payé, affavoir : de la
moictié par les mains du receveur général des finances et
de l'autre moictié par les mains de ceux du magiftrat de la
ville de Bruxelles . . . . XII^{c l}

---

(1) Cette faveur consentie d'abord pour trois années fut renouvelée plusieurs fois pour
le même terme.

1643. A Anthoine de la Barre, pour les ouvrages de brodderies faictes pour les obsèques de feu Son Alteffe Royalle au mois de novembre 1641. . . . . viii^c ii^l xii^s

1647. A Van der Baeven, pour brodderies faictes pour la chapelle royalle. . . . . xv^c xlviii^l

1653. A Jean de Strycker, m^e tapiffier de la ville de Bruxelles, pour avoir travaillé aux réparations des tapifferies de Sa Majefté. vi^c lii^l

1658. A Gaspard Van der Bruggen et Henri Reydams, doyens du meftier des tapiffiers, à Bruxelles, en don et adyuda de cofta. ii^m iiii^c l

1661. A Francisco Dailly, tapiffier major et super intendant de la tapifferie du Roy, pour avoir faiſt attacher la tapifferie de la chapelle . . . . l^l

Tnventaire de 1487.

Parties trouvées es mains Jehan de Bru, par dessus inventoire qui lui avoit esté baillé en date du xviii septembre l'an cccc lxxxiii [1] :

Une table d'autel fort riche de brodure où il y a trois pièces, celle du milieu hiftoriée de la *nativité* ou sont les trois roys qui viennent ofrir ; garny tout autour de diverses hiftoires de divers sains aiant lez capiteaulx & pilers eslevéz, les deux autres pièces de pareille fachon hiftoriées l'une d'icelle de *la Rayne Sabat qui vient vers le roy Salomon*, et l'autre de *l'histoire du roy David estant en son trone auquel par deux chevaliers est faict présent de deux fioles*, armoyés les dites trois pièces des armes de M. S. le duc Philippe.

(1) Chambre des Comptes. Carton meubles, joyaux.

Inventaire de Marguerite d'Autriche.

Tapifferies qui sont ès mains de Diego Floris, appartenant à Madame (Marguerite d'Autriche) fait à Malines en présence de M. S. le comte de Montrevel, ch[er] d'honneur de Ma dite Dame et du s[r] de Montbaillon, son conseiller, le xviii de juillet : [1]

Dix pièces de tapifferies d'or, d'argent et de soye bien riches de *l'ifloire & des faiz d'Alexandre le grant* qui sont venues d'Espaigne.

Quatre pièces de l'ifloire de tapifferye de *l'histoire de Efter* très riches & faiêtes d'or, d'argent & de soie qui sont procédées & venues de la maison de céans.

Trois pièces du *Credo*, belles & riches où il y a de l'or & de la soye, qui sont venues d'Espaigne.

Quatre pièces de tapifferye de *Sainte Helaynne* sans or ne argent qui eft venue d'Espaigne.

Six pièces de tapifferye appelée *la cité des Dames* ou il y a de la soye & sont efté donné à Madame par ceulx de la cité de Tournay, quand elle y alla devers le roy d'Angleterre [2].

Deux pans avec ciel de drap d'or gris & vert frizé, bendé de velours cramoisy sur lesquelles bendes y a trousses de flesches & des feuillaiges qui sont de broderye & d'orfavrerye.

Ung pan de lit ou millieu duquel sont les armes du feu roy d'Arragon en ung riche & beau drap dor frizé bordé de velours cramoisy sur lequel bort eft escript la devise du dit feu roy en groffe lettre d'orfavrerie & de fil d'or.

---

(1) Par un autre inventaire dressé devant les mêmes témoins et concernant les peintures, nous savons que cette pièce appartient à l'année 1516. Nous ne donnons de cet inventaire que quelques articles intéressants.

(2) En 1523

Riches & belles serviettes de Madame, ouvrées, lesquelles sont toutes ensemble entre deux ais :

Une grande serviette ouvrée d'or, d'argent, de bleu & d'incarnade de soye cramoisye & verde, frangée de petites franges de rouge, bleu & or à large ouvraige.

Autre grande serviette ouvrée de ancien ouvraige d'or de soye blanche, vyolette & verde, brodée d'une treffe d'or & de soye blanche.

Autre grande serviette à large ouvraige, ouvrée toute d'or à fleurs de brodure & à petites franges d'orfavrerye.

Autre servyette ouvrée à branches d'ancolies d'or & de gris, bordée d'une treffe d'or & de vert.

Une autre serviette de petit ouvraige ouvrée d'or, de gris vert incarnade tané & bleu, bordée d'ung petit carrelet de soye verde & d'or.

Quatre toyes d'oreillers faiêtes & ouvrées d'or & de soye bleue à losanges qui ont eflé données à Madame par Diego de Cabrera.

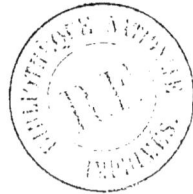

TABLE DES MATIÈRES.

20

Lille. Imp. L. Danel